威廉·戈尔丁传

冯丹丹◎著

时代文艺出版社

图书在版编目（CIP）数据

威廉·戈尔丁传/冯丹丹著. 一长春：时代文艺出版社，2012.10（2023.7重印）
（诺贝尔奖获奖者传记丛书）

ISBN 978-7-5387-4137-7

Ⅰ.①威… Ⅱ.①冯… Ⅲ.①戈尔丁，W.（1911～1993）－传记 Ⅳ.①K835.615.6

中国版本图书馆CIP数据核字（2012）第219054号

出品人 陈琛
责任编辑 李贺来
助理编辑 孙英起
装帧设计 孙利
排版制作 隋淑凤

威廉·戈尔丁传

冯丹丹 著

出版发行/时代文艺出版社
地址/长春市福祉大路5788号 龙腾国际大厦A座15层 邮编/130118
总编办/0431-81629751 发行部/0431-81629755
官方微博/weibo.com/tlapress 天猫旗舰店/sdwycbsgf.tmall.com
印刷/北京市一鑫印务有限公司
开本/710mm×1000mm 1/16 字数/140千字 印张/12
版次/2013年1月第1版 印次/2023年7月第3次印刷 定价/36.00元

授 奖 辞
Award-winning Remarks

具有清晰的现实主义叙述技巧以及虚构故事的多
样性与普遍性，阐述了今日世界人类的状况。

——诺贝尔奖委员会

目录

"除非你做的事是连自己都怀疑做不到或是你确信别人从未尝试过的事，否则写小说便毫无意义。我认为写两本相似的书是毫不足取的。"

——戈尔丁

高中时，笔者第一次阅读《蝇王》，清晰地记得《蝇王》只是被安排在《选读文本》这本书中，而且仅仅是节选。但是当笔者读下去的时候，就被精彩的故事情节迷住了：一群小孩被困于一个荒岛上，很快一种原始的社会形成了，并且分解成一个个战争小集团。其中，一个以正直和乐于合作为标志，而另一个则以崇拜权势、热烈追求权力和暴力为标志，双方的斗争激烈而残忍。那时候我还不知道《蝇王》的作者威廉·戈尔丁是诺贝尔文学奖的获得者，威廉·戈尔丁虽然是诺贝尔文学奖的获得者，但是在中国名气尚不是很大。

后来老师讲解文学知识的时候，提到了威廉·戈尔丁以《蝇王》为代表作获得了1983年的诺贝尔文学奖。重新再读《蝇王》，在看故事情节的同时，笔者开始思考《蝇王》的深度——原来它不仅仅是一部故事情节有趣的小说，而且也是一部探讨人性的小说。一个参加过二战的老兵、一个信仰基督的教师，多重身份的他引起了我们的好奇。

大学期间，笔者开始阅读威廉·戈尔丁其他的作品，《继承者》（1955）、《品契·马丁》（1956）、《自由堕落》（1959）、《塔尖》（1964）、《金字塔》（1967）、《看得见的黑暗》（1979）、《航程祭典》（1980）、《纸人》（1984）、《近方位》（1987）、《巧语》（1995），威廉·戈尔丁以不同的叙事风格开始了一个又一个具有吸引力的创作。

笔者在进行撰写本书的过程中，查阅了大量关于威廉·戈尔丁的作品以及资料。威廉·戈尔丁的文学创作与其参加二战有很大的关系，参加过战争的他对人性开始怀疑：战争中，普通的战士并不会为了自己而逃命、放弃，相反，他们用激情甚至是野蛮来击败敌人；倒是像他那般受过高等教育、曾经具有良好职业和看似道德修养很高的军官。这些都是他不经历战争不曾想到的，也是从书中无法感知的。

2009年9月23日，《泰晤士报·文学副刊》提到了威廉·戈尔丁的《蝇王》，该小说出版遇到了重重困难，出版商以"荒唐无趣的幻想"多次拒绝了他。他依旧执著地坚持，最终出版后一举成名。即使被拒绝多次，他依然不放弃，这就是威廉·戈尔丁的信念！ 在人类世界中，并非一切都是邪恶的；在威廉·戈尔丁的世界中，并非一切都是黑暗的。按照他的说法，人有两重性——一方面会成为杀人凶手；另一方面，又会相信上帝，天真并未完全泯灭。在《继承人》中，新的种族打败了他们的前人，又逐渐被征服者的一些特点搞糊涂了。他们有一种要摆脱邪恶的努力，这种努力又经常由于自以为是和幻想而误入歧途。但是它毕竟存在着，并且与某种不全是人的东西结盟。《看得见的黑暗》是一部讲述善恶相斗的二神论的书——一个人试图用神话形式来说明一种摩尼教哲学，认为善与恶是生活中两个独立的力量。

威廉·戈尔丁在欧洲地区被称为"寓言编撰家"，之所以有这种称谓主要是因为他运用现实主义的叙述方法编写寓言和神话，承袭西方伦理学的传统，着力表现"人心的黑暗"这一主题。威廉·戈尔丁之所以在作品中表达出看似矛盾的信息，与他参加过第二次世界大战有关，尤其是他参加了战争规模极其宏大的诺曼底登陆。这场战争彻底颠覆了他对人性的看法。在他看来邪恶产生于人类的内心深处——是人类中的恶造成了邪恶的制度，或者改变了最初的状况，改变了原来的发展，是它把美好的事物变成了邪恶、有害的事物。

"威廉·戈尔丁的长短篇小说并不只是阴沉的道德说教和关于邪恶、奸诈、毁灭力量的黑色神话，它们也是丰富多彩的冒险故事。它们可读性很强，充满了叙事的喜悦，别出心裁，富有刺激，加之还有层出不穷的幽默、辛辣的讽刺、喜剧和热烈的玩笑。在这些小说中有一种活力，事实上，它突破了那些悲剧性的、厌世的、令人恐怖的东西。一种活力，一种精力，使它富有感染力。这应归功于它的力量与倔强，归功于它拥有一种作为抗衡力的相反相成的自由。在这一点上，戈尔丁也使我们回想起在一开始就提到的那些先行者。戈尔丁的寓言世界是悲剧性的、感伤的，但并不令人压抑和绝望。那里有一种生命，它比生存的条件更强大。"拉尔斯·吉伦斯坦对威廉·戈尔丁作品做出了上述的点评。

同时，威廉·戈尔丁是一位重视名利的作家。"起初，我母亲是更受人尊敬、更成功的那一个，人们都觉得我父亲娶到她是幸运的，而父亲自己也有些自惭形秽。但是，到20世纪60年代，父亲逐渐功成名就，母亲就放弃了自己的职业，把生活和志向交给了父亲……父亲越来越高的地位有时令母亲非常恼火。在陌生人眼里，她成了他的附属品。在记者、读者和学者对父亲进行过度吹捧的时候，她也只能袖手旁观。"他的女儿茱迪·卡维尔如是说。

笔者带着一种敬仰、一种思考去撰写威廉·戈尔丁的一生，他的一生如此冗长、如此复杂却又如此清晰。恍若一部黑白电影，从呱呱落地到最终的走向墓里流水般上演。

文学史记住了这位伟大的文学家，记住了一本精彩的《蝇王》。

第一章　静谧而孤单的童年

1. 艺术的熏陶

1911年9月19日，在英格兰南部康沃尔郡的一个中产阶级家庭里伴随着一声响亮的啼哭，一个小男孩出生了！这个小男孩澄澈的眼睛、高高的鼻子甚至是他的哭声，在他父亲亚历克·戈尔丁和母亲米尔德里德的眼里，都是美妙、动人的。他的祖父母看着刚刚出生的、他们唯一的孙子，老泪纵横。这一天，注定给这个家庭带来幸运。

小男孩的到来为这个家庭增添了很多乐趣，从父母到祖父母、外祖父母，他们都为小男孩的名字而动脑筋。最终，亚历克·戈尔丁看到书籍上写的英勇的战士，不禁灵光一现："威廉？对，就叫威廉。威廉·戈尔丁。"他兴奋地告诉妻子、父母："威廉，强而有力的战士。这个名字好！"于是，这个孩子便被取名为威廉·戈尔丁。

为了让自己的儿子更好地成长，在他还在襁褓的时候，母亲米尔德里德就不断给他讲述安徒生童话故事，让他听轻音乐。这给了威廉·戈尔丁很好的艺术熏陶。米尔德里德看着自己的小儿子，总是忍不住微笑，这个天使给她的天空带来了阳光。

时间就这样慢慢地从指缝间溜走，转眼间，威廉·戈尔丁就要上学了。米尔德里德给他准备好上学的书包和书具，告诉他上学是一件很美妙的事情，他对此充满了向往。那时候，他的父亲是学校的校长，威廉·戈尔丁天天在佣人的陪伴下去读书。很多人都见证了威廉·戈尔丁的成长，看着他在那条街上和他的佣人一起上学，一起放学，腼腆的他总是不爱说话。但是他喜欢他的佣人，他会在回家的路上，把他学校学到的东西教给小保姆，教他唱歌、教他写字。

威廉·戈尔丁的童年是孤单的。他没有可以和他一起吵吵闹闹、一起玩耍甚至一起做"坏事"的朋友。大多数的时候，他只能待在家里；即使外出，也总是有保姆伴随着；偶尔参加一些聚会或者沙龙，都是父母带着他去……他没有属于自己的自由去寻觅友情，既无法体会到友谊，也不知道友谊其实可以给他带来很多乐趣。

威廉·戈尔丁的童年是独立的。他的父母一直以把他培养成绅士为目的，从生活中的点点滴滴教育他。在他很小的时候，父母就注重对威廉·戈尔丁习惯的培养，虽然有保姆，他每天早起依然自己穿衣，甚至在天气温暖的时候，父母会要求威廉·戈尔丁自己去整理草坪。祖父母看着这个不及1米的小人儿推着除草机，不忍心，他们过去帮他，被他拒绝了，威廉·戈尔丁说：我要自己做。他父母自小对他进行的独立性教育对威廉·戈尔丁的一生都有重要的影响。

威廉·戈尔丁是一个善良的人，这在他小时候就可以体现出来。当他看到街边挨饿的孩子时，他会把自己手里的汉堡给他们吃。他6岁那年，在保姆送他去上学的路上，威廉·戈尔丁看到了一个小孩子因为抢人家的面包而被追赶，他的年龄还不足以懂得生存的艰难，他不理解小孩子为什么要抢面包，他的父母为什么不给他面包吃……回到家里，他和他的父母说起这件事，他的父母摸着他的头，笑着："You are a lucky child（你是一个幸运的孩子）"。在威廉·戈尔丁的世界里，每个人都该和他、他的父母一样善良，生活富足。

　　童年的威廉·戈尔丁非常好学，小小年纪就对很多知识产生了兴趣。他不懂的事情很多很多，以至于经常问妈妈各种各样问题。可惜的是，他并不爱学数学，尽管他的父亲亚历克·戈尔丁是学校的校长，是数学方面的高手，但是这并没有影响到他——让他爱上数学。他的数学成绩不是很好，搞不清楚那些数字的应用，那些符号在他看来都是相似的。

　　威廉·戈尔丁的童年没有受到挫折，但他的父母对他的要求依然很高，尤其是母亲，对于培养威廉·戈尔丁的兴趣和爱好费尽了心思。在威廉·戈尔丁的童年时期，母亲就培养了他对工艺品的热爱。母亲会带他到圣艾夫斯，那是个工艺品集中的地方。在那里的画廊或者博物馆里，母亲会给他讲述各种工艺品的故事，包括中国的陶器、非洲的牙雕和木雕、刺绣等等。他看着这些做工精致的工艺品，感觉世界如此奇妙。

　　那时候的威廉·戈尔丁想快快长大，这样就会懂得很多东西。他一直都是一个上进的孩子，母亲给他讲过的故事，他都记在脑海里。虽然，童年的威廉·戈尔丁还不懂什么叫艺术，但是他已经慢慢地在接受艺术的熏陶，这种童年的经历对他后期的发展有着很大的影响。

2. 童话世界

"像集邮或采鸟蛋那样搜集词汇"

——他在自己的世界里怡然自得

威廉·戈尔丁自幼热爱文学，热爱童话故事，这与他母亲对他进行的教育有关。威廉·戈尔丁的母亲非常注重对他的启蒙教育，在戈尔丁很小的时候，就对威廉·戈尔丁进行语言以及数字方面的教育。每当听到他的母亲声情并茂地给他讲着童话故事的时候，威廉·戈尔丁总是异常的激动，那时候他还不会表达自己的想法，听到完美的结局，他的眼睛会一动不动地盯着母亲或者是开心地笑着；听到悲惨的结局，他就会哭。对于一个小孩子而言，那是最率真的评价。

母亲渐渐看出了他对童话的兴趣，就在给他讲述童话的同时，也给他讲一些人生道理。母亲在给他讲《皇帝的新装》（The Emperor's New Clothes）的时候，会告诉他做人要真诚，若是虚伪，就会有童话故事里皇帝的昏庸无能和朝臣们阿谀逢迎的丑态。母亲在给他讲述《丑小鸭》的时候，会告诉他要学会坚强，尽管年幼的威廉·戈尔丁还不懂什么是困难、什么是挫折，但是聪慧的母亲还是竭力让他知道什么叫饥饿，竭力让他知道人生路上总是有很多苦难的。她鼓励他，如果遇到困难，要像丑小鸭一样勇敢，不能放弃。

威廉·戈尔丁就是在母亲讲述的童话故事里一天天长大的，慢慢地，他学会了识字、写字和简单的涂鸦，学会了自己读书。他读《格林童话》、《安徒生童话》、《希腊神话故事》等，对那些母亲曾讲过的故事，他依然看得津津有味。这些童话故事对他的影响很大，触动了他内心深处的灵性，他开始像集邮或采鸟蛋那样搜集词汇，构筑属于自己的童话世界。

在威廉·戈尔丁的童年世界里，这些童话故事陪伴着他，让他感觉即使没有伙伴，也不孤单，他热爱读书、热爱童话、热爱属于自己的世界。1924年，13岁的威廉·戈尔丁开始写作，他写作的题材就是20世纪初英国发展中的工会。之所以选择这种题材是因为：他经常在报纸上看到工会组织不同的企业员工为了维护自己的权利进行罢工，同时，他还了解到英国工会和、英国政府和企业界一起被称为英国的三大支柱，也是英国建立福利国家的主要推动力量，作为一个特殊的群体，工会的存在有着广泛的群众基础。因此，他有一种想法，要写一部关于英国工会运动的史诗。

威廉·戈尔丁的星座是处女座，这个星座周密谨慎的特点决定了他会认真准备撰写小说的资料。为了写好小说，他不断构思、查阅资料。那时候，威廉·戈尔丁还有很多的字不认识，每当遇到不认识字的时候，他都会拿着《牛津英语词典》查阅，并认真作好记录。13岁的他并不像其他孩子那样只是无忧无虑地玩着，他先后读完了《英国历史》、《英国发展史》、《英国工业革命》、《世界历史》以及《世界发展史》等诸多书籍。为了写好这本书，单是笔记他就认认真真地记了6本，何其用心！

然而，威廉·戈尔丁在要完成这本伟大著作的过程中，遇到了来自父亲的阻碍。理性的父亲认为"写作是一件无用的事情"，并以这个理由强迫威廉·戈尔丁学习自然科学和数学。身为校长的父亲以一种权威性压制着他。他开始抗拒，然而最终抗拒失败。父亲收走了他写好的手稿，收走了从书房搜集来的关于英国历史等方面的书籍，并开始对威廉·戈尔丁的业余时间加以限制。

威廉·戈尔丁在放学之后，没有时间再看书、写作，而是去做一道道在他看来永远乏味的数学题，去学在他看来毫无新意的自然科学。这些东西都无法引起他的兴趣，他在一瞬间深切地理解了爱因斯坦说过的"兴趣是最好的老师"这句话的含义。没有兴趣，为什么还学呢？他看着窗外、用手托着脸腮想着自己还没完成的写作。

终于忍不住对自然科学乏味的威廉·戈尔丁在一个傍晚找到父亲，告诉他，自己要读书、要写作。父亲看着他，朝着书房走去，一会儿拿着他曾经看过的书以及写过的手稿回来。威廉·戈尔丁心中暗喜："自己打动了父亲？"他看着眼前壁炉跳跃的火花，它们仿佛都在为他鼓掌。他看着父亲缓缓走来，还没有来得及说什么，只见父亲将他的书以及手稿全都扔进了壁炉里，壁炉里的火花骤亮。威廉·戈尔丁愣住了，他看着壁炉里燃烧着的火焰，一言不发。良久，他转过身，看了父亲一眼，流着泪回到了自己的卧室。他记住了父亲的一句话——"不要玩物丧志！你死了这条心吧！"

威廉·戈尔丁突然感觉到自己苦心构筑的完美世界正在一点点倒塌，他心里莫名地恐慌。他正式开始踏入父亲给他设计的人生道路，学好数学和自然科学，以后成为知名的科学家。威廉·戈尔丁按部就班地学习，他之前一直搞不懂的数字符号现在清楚了，之前不明白的自然科学原理现在也都能够很清晰地掌握了。虽然他偶尔也会看文学作品，可是为什么，为什么他自己的笑容越来越少，也越来越感觉到内心的空荡。慢慢地，他自己知道，他正在一步一步走出自己亲手构筑的童话世界，不舍、心酸充斥着他的心扉。

然而，母亲却一直坚持着她内心的想法，也在威廉·戈尔丁的文字之路上默默地支持着他。在母亲的推荐下，威廉·戈尔丁读了但丁的《神曲》，在这部长达14000余行的史诗中，通过作者与地狱、炼狱及天国中各种著名人物的对话，反映出中古文化领域的成就和一些重大的问题，带有"百科全书"性质，从中也可以隐约窥见文艺复兴时期人文主义思想的曙光。读完这本书，威廉·戈尔丁领悟了作者但丁坚决反对中世纪的蒙昧主义，表达了执著地追求真理的思想。他为但丁感动，同时坚定了自己一定要创作出优秀文学作品的决心！

第二章　弃理从文

1. 坚持文学梦想

1914年第一次世界大战爆发了，这是一场主要发生在欧洲但波及全世界的世界大战，当时世界上大多数国家都卷入了这场战争，是欧洲历史上破坏性最强的战争之一。这场大战也波及了康沃尔，天上的飞机不定时地抛下炸弹，让百姓心存恐慌，严重地破坏了威廉·戈尔丁的正常生活。

1916年为了逃避战争，父亲调到了马尔波罗地区任教，威廉·戈尔丁一家开始搬迁到马尔波罗。威廉·戈尔丁在马尔波罗的语言学校就学。

1930年，威廉·戈尔丁以优异的成绩考入享有世界声誉的牛津大学布拉西诺斯学院，然而在对专业选择方面，他和父亲意见相左。他的父亲想让他学习自然科学，因为自然科学在20世纪初的英国是很好就业、很有前途的。而威廉·戈尔丁则希望能够根据自己的爱好学习英国文学专业。于是，两父子僵持着，恍若回到了童年时期，最终，威廉·戈尔丁屈服了，选择了自然科学专业。

1930年9月，19岁的威廉·戈尔丁拿着行李在父母的陪伴下来到了牛津大学。伫立在他眼前的牛津大学并不是他想象中的那般雄壮，那时候牛津大学不仅没有校门和围墙，而且连正式招牌也没有。楼房的尖塔在烟雨蒙蒙中若隐若现，高高的石墙上爬满老藤，稀疏的绿叶中绽放着红红的花朵，小城显得古朴素雅。牛津城的建筑古色古香，就在一瞬间，他爱上了这里。

安顿好威廉·戈尔丁之后，他的父母离开，母亲不放心他，一再嘱托他，"I take good care of yourself!（好好照顾自己！）"。看着父母离去的背影，他恍若发现，今后就要开始一种新的生活，有些兴奋，有些失落。那时候的威廉·戈尔丁还不能理解父母的担忧，直到他有了自己的孩子，他也去送孩子上学，才知道那种担忧是最真诚的。

当天夜里，威廉·戈尔丁久久无法入睡，他想起了今后的求学生涯，想起了今天才刚刚别离的父母，甚至开始思考更深奥的问题——"我是为了什么活着？"，他看着皎洁的月光，19岁孩子的小脑袋瓜里充斥着很多问题。他回想起，今天听到教授在说经济学家亚当·斯密、哲学家培根、诗人雪莱、作家格林等这些名人都是从牛津大学毕业的，尤其当知道自己从小就崇拜的格林也是在这里读书，他有些激动。他想着可能他今天睡的床，多少年前这些名人也睡过。彻夜难眠的他对未来充满了信心。

新生入学最重要的事情就是开学典礼。听长辈的人说，牛津大学的新生只有在开学典礼举行后才正式标志着你成为一名真正的牛津学生。开学典礼和毕业典礼不同，20世纪30年代的开学典礼并不需要父母的陪同。当威廉·戈尔丁穿上正装时，他蓦然感觉到一种庄重、一种责任。听着校长讲述牛津大学的发展史，他想他一定要好好珍惜在这里的时光。

"The Lord is my light（圣主是我的亮光）"，众多学子一起朗诵完校训之后，开学典礼就基本结束了。威廉·戈尔丁正式开始了他的大学生涯。

威廉·戈尔丁主修的自然科学科目很多，自然科学是研究自然界的物质形态、结构、性质和运动规律的科学。它包括数学、物理学、化学、天文学、气象学等基础科学和农业科学、生物学、医学、材料科学等实用科学。威廉·戈尔丁每天就在这些弥漫着数学理论、物理定律、化学反应的氛围中学习着。起初到大学的新鲜感让他去钻研着这些童年时曾经苦恼的知识。

在对自然科学专业的学习过程中，威廉·戈尔丁对中国产生了很大的兴趣。教授在讲述农业科学的时候提到，早在英国人类还没有出现时，遥远东方的中国人就已经注意到暑往寒来的变化，月亮的盈亏圆缺，各种动物的活动规律，植物的生长与成熟的周期，他们通过观察逐渐摸索到了它们的规律性。这时候，世界上真正的农业与家畜饲养业便出现了。以后，那里的人们为了确保农作物能够正常生长，他们就开始掌握季节变化的规律。这就促使天文与历法知识的产生。教授一直对中国情有独钟，在课堂上毫不掩饰对中国文化的喜爱。威廉·戈尔丁开始对那个神秘而美好的国度有了极大的兴趣。

然而，一天天过去了，威廉·戈尔丁在初步了解自然科学之后，并没有发现父亲对他讲的"自然科学是一门很有意思的学科"，也没有从内心爱上这门课程。相反，他逐渐厌倦了自然科学，开始怀念自己的文学梦。于是，他在稍有空闲之际，就频繁地去图书馆，在那里，他开始接触大量的书籍，《呼啸山庄》、《大卫·科波菲尔》、《牛虻》、《罗密欧与朱丽叶》、《简·爱》、《艾格尼丝格雷》、《魔戒三部曲》、《傲慢与偏见》等诸多作品，这些作品让他兴奋，他像一只鹰般在文学的天空翱翔，永远也不知疲倦。

一天，威廉·戈尔丁路过一个教室，教室内传出了《简·爱》的经典台词——"你以为，因为我穷、低微、不美、矮小，我就没有灵魂没有心么？你想错了！——我的灵魂跟你的一样，我的心也跟你的完全一样！如果上帝赐予我财富和美貌，我会使你难于离开我，就像现在我难于离开你。上帝没有这么做，而我们的灵魂是平等的，就仿佛我们两人穿过坟墓，站在上帝脚下，彼此平等——本来就如此！"他伫立在教室外听着，情不自禁地走了进来，看到了英国文学教授生动地朗诵着，他开始向往这样的课程。可以说，这是威廉·戈尔丁至关重要的一堂课。

从此之后，威廉·戈尔丁会经常去旁听英国文学的课，他把英国文学的课程安排记录了下来。在课堂上，他认真听教授分析一部部他熟悉的作品，教授提到的他未曾听说的作品，他会到图书馆去阅读。他从这一部部文学作品里领悟了什么是信念，什么是追求。他有一个想法，他要去攻读文学专业。从一个小小的想法到最终的坚持，尽管他的父母起初不同意，但是当他们看到的儿子如此执著地追求文学，还是同意了他的选择。终于，他成功了，1932年，威廉·戈尔丁从攻读自然科学专业转为攻读英国文学专业。

弃理从文，是影响威廉·戈尔丁一生的重要事件，也是他做好文学创作的重要基础。

2. 他崇拜的偶像

在威廉·戈尔丁求学的道路上，俄罗斯著名的思想家、作家列夫·尼古拉耶维奇·托尔斯泰对他的人生道路以及写作道路有很大的影响。托尔斯泰是他崇拜、敬仰的偶像。

那时他刚刚正式转入英国文学专业，教授给他们讲了远在俄罗斯的托尔斯泰，讲述《战争与和平》。读完托尔斯泰的《战争与和平》，威廉·戈尔丁受益匪浅——原来战争可以写成这样。那么普通的一堂课，开拓了他的眼界，让他对除了英国文学之外的世界文学产生了兴趣。下课后，他去图书馆查阅有关托尔斯泰的资料，在他年轻的思想里，他诧异于是怎样一个男人可以将战争与和平写得如此淋漓尽致。

"列夫·尼古拉耶维奇·托尔斯泰家是名门贵族，其谱系可以追溯到16世纪，远祖从彼得一世时获得封爵。父亲尼古拉·伊里奇伯爵参加过1812年卫国战争，以中校衔退役。母亲玛丽亚·尼古拉耶夫娜是尼·谢·沃尔康斯基公爵的女儿。托尔斯泰1岁半丧母，9岁丧父，是姑妈把他抚养长大的。"他看着大头书上的白纸黑字，看着看着，泪流满面，和自己的童年相比，托尔斯泰的童年生活是何其心酸。

一瞬间，威廉·戈尔丁仿佛长大很多，他第一次深刻地理解了什么叫"苦难的童年"，同时又为自己无忧无虑的童年而感到莫大的幸运。他立马给父母写了封信，表达了对他们的感恩。当他的父母老去的时候，他在父母的日志本中发现了这封简单的信，才知道这么多年来他们一直珍藏着它。

威廉·戈尔丁看到了托尔斯泰在《战争与和平》中正在试图破除那种"伟人"的历史观。在托尔斯泰笔下，英明的人并不是自以为可以控制事态发展的拿破仑，而是知道自己没有控制事态发展的能力、却愿意充当某种自然过程助产士的库图佐夫。从战场到家庭内部装饰，焦距的变化、哲学层面上的短途旅行、种种分析、人物之间不确定的复杂的关系，这一切都深深地吸引着读者，使读者除了在密林中独辟蹊径外别无所为。他仿佛看到了托尔斯泰在写作中的乐趣，他的内心萌生出一个念头——"我要写作，我要写出让别人为之喝彩的作品！"

威廉·戈尔丁对文学表现了多样性和包容性，他对文艺复兴时期的托马斯·莫尔也有着浓厚的兴趣。而且，托马斯·莫尔也是牛津大学毕业的，有了这层校友关系，威廉·戈尔丁感觉亲近很多。

威廉·戈尔丁认真阅读了托马斯·莫尔的《关于最完美的国家制度和乌托邦新岛的既有益又有趣的金书》，该书主要讲述了一个虚构的航海家航行到一个奇乡异国乌托邦的旅行见闻。这个国家没有矛盾、战争，人与人之间都可以和谐相处，是人们理想中的国家。"乌托邦"一词来自希腊文，也就是人们平时所说的"乌有之乡"。托马斯·莫尔第一次用它来表示一个幸福的、理想的国家，托马斯·莫尔说，"乌托邦"是南半球的一个岛国。在那里，社会的基础是财产公有制，人们在经济、政治权力方面都是平等的，实行按需分配的原则。同时，公民们没有私有财产，每10年调换一次住房，穿统一的工作服和公民装，在公共餐厅就餐，每人轮流到农村劳动20年，官吏由秘密投票方式选举产生，职位不得世袭。公民每天劳动6小时即能满足社会需要，其余时间从事科学、艺术、智慧游戏活动。没有商品货币关系，金银被用来制造便桶溺器。托马斯·莫尔的这种思想让威廉·戈尔丁深受影响，这是他接触的一个全新的世界，这个世界为他打开了又一扇窗户。

这期间，威廉·戈尔丁广泛涉猎经济学，他认真阅读马歇尔的《经济学理论》——用均衡价格论代替价值论，并在这个核心的基础上，建立各生产要素均衡价格决定其在国民收入中所占份额的分配论。威廉·戈尔丁欣赏马歇尔在其理论中宣扬的倡导自由竞争、主张自由放任的观点。这种宣传资本主义制度可以通过市场机制的自动调节达到充分就业的均衡理论，打破了以往的传统。虽然那时候的威廉·戈尔丁并不能从根本上了解马歇尔的观点，但是这些书籍的阅读对他后来的经历都有影响。

二十多岁的威廉·戈尔丁正是一个风华正茂的男儿，他的感情世界随着年龄的增长日益丰富。尤其是课堂上听到教授讲但丁的时候，他被但丁的一个故事迷住了。教授在讲述但丁的作品《新生》的时候，给学生们讲述了《新生》的创作背景：但丁年少的时候遇到了名叫贝阿特丽齐的少女，贝阿特丽齐的端庄、贞淑与优雅的气质使但丁对她一见钟情，时刻都在思念着她，他甚至想要向她表白。遗憾的是贝阿特丽齐后来遵从父命嫁给他人，婚后数年竟因病夭亡。哀伤不已的但丁将自己几年来陆续写给贝阿特丽齐的31首抒情诗以散文相连缀，取名《新生》。但丁在诗集中抒发了对贝阿特丽齐深挚的感情、纯真的爱恋和绵绵无尽的思念，风格清新自然，细腻委婉。

威廉·戈尔丁在大学时曾暗恋过一个女孩子，那个女孩子并不是很漂亮，但是很安静。上课的时候，威廉·戈尔丁常常望着她的背影出神。她趴在桌子上写字的样子、她仰头思考的样子甚至只是她轻轻地从远处走来的样子都让威廉·戈尔丁心动。威廉·戈尔丁想写首诗送给他暗恋的女孩子，但是遗憾的是，这种心动与好感并没有持续多久就消失了。所以，当威廉·戈尔丁听到教授讲但丁《新生》的故事时，不由地愣住了，他不知道但丁还是如此一个感性、痴情的男人。以至于当教授让他起来朗诵诗歌的时候，他都没有听到。教授打趣他："你是不是也要写情诗给你心爱的女孩子？"只是教授的一句戏言，威廉·戈尔丁开始了他真正意义上的创作生涯。他开始写诗。

1934年，威廉·戈尔丁出版了自己的处女作——《诗集》，《诗集》囊括了威廉·戈尔丁写过的29首诗歌，出版后获得了好评。很多读者都无法想象，这些诗歌只是来源于一个24岁的男孩手中。《诗集》出版的成功坚定了威廉·戈尔丁要走文学之路的信心。然而，他预想不到的是，前方充满坎坷。

第三章 毕业后的矛盾

1. 拒绝父亲提供的工作

1935年3月的一个夜晚，威廉·戈尔丁在自己的屋子里收拾东西，突然看到了父母曾给他写过的信，那一个大大的信封里，是他上大学以来父母写给他的所有的信。他重新阅读这些信，尤其是刚来大学时，他们怕他不适应，几乎是每两天一封信，字里行间透着他们的担心、思念、焦虑。今天他才真正明白，那时候的他之所以刚到牛津大学没有像其他的个别同学那样"想家想得哭了"，全都是因为父母给他的信，他们的字迹让他感觉到他们就在身边。因为刚离开家，看着父母的字，心里就好受多了。威廉·戈尔丁这才发现父母的良苦用心，并感叹着时光流逝。

"4年，就这样过去了，马上自己也要毕业了。"威廉·戈尔丁怀着一种复杂的心理，拿出了纸和笔，写信给父母，让他们来参加自己的毕业典礼。看着窗外皎洁的月光，他想了很多，他开始舍不得离开大学，他怀念牛津大学充满了古木气味的图书馆，怀念每天清晨的锻炼，怀念坐在教室里专心学习的感觉，他甚至怀念一棵树、一块砖。他有一种恐慌，不知道毕业后自己该何去何从。

第二天，他一个人缓缓走过了万灵学院、贝利奥尔学院、布雷齐诺斯学院、艾克塞特学院、格林学院、哈里斯·曼彻斯特学院、赫特福德学院、基督学院、耶稣学院、基布尔学院、凯洛格学院、玛格莉特夫人学堂、纳菲尔德学院、林肯学院、奥利尔学院、瓦德汉学院、三一学院、大学学院。他用了一天，逛遍了这些学院，来这里4年，很多地方他都没有细看过，今天他慢慢走着，看着那些拿着书籍匆匆赶路的学生，曾几何时，他也如此这般。

1935年4月5日，威廉·戈尔丁渡过了在大学的最后一天，毕业典礼辉煌而成功，他的父母喜极而泣，久久地拥抱着他，仿佛他会走丢了似的。当时的他还不足以理解父母的拥抱，很多年后，他才知道，那久久的拥抱是对他深深的爱，所有的爱无法表达，都体现在这个拥抱中了。校长在毕业典礼上讲了很多，要做成功的人。他毕业了，没有想象中的激动，反倒是有些失落。同样的毕业典礼，威廉·戈尔丁在电视上看到了1944年丘吉尔在牛津大学毕业典礼上的讲话，感触颇深。他看着屏幕上的丘吉尔注视着毕业生，良久，吼出了——"never, never, never give up!（永远，永远，永远不要放弃！）"。就是这句话让威廉·戈尔丁回想到了自己的大学生涯。是的，只有永不放弃，才会有所造诣。

毕业后，威廉·戈尔丁面临着就业问题。父亲想让威廉·戈尔丁到自己所在的学校做老师，父亲校长的地位决定了他要是做老师，以后几乎不会遇到什么困难，他的路子会一帆风顺。他的母亲也建议他回家做老师，毕竟他是她的小儿子，她多希望他能够留在她的身边。威廉·戈尔丁犹豫了，刚毕业的他心性还很高，他想自己到外面闯一闯，他想从事写作方面的工作，他还有梦想，难不成，牛津大学毕业的高才生就一辈子做一个小小的教师？

那段时间，威廉·戈尔丁不谈工作的事情，他只是把自己关在自己的卧室里，一个人待着。看着他曾经生活的地方，这个小卧室藏了他很多不为人知的秘密。比如在墙上，他刻下了少年时候悄悄喜欢的女孩子的名字。他看到了在桌子上刻的了儿时梦想——writer！他开始迷茫，以后要选择怎样一种生活。若是闯，他能闯出什么？会不会头破血流？他有些心慌，甚至不敢去想自己以后的路。可是真要让他在这座小镇做一名教师，威廉·戈尔丁不自觉地就把这条路给否定了。

毕业后的威廉·戈尔丁并没有立即投入到工作中去，他给自己放了一段时间的假，一个人去旅游。他去了雅典，他看着这个驰名世界的文化古城，莫名地敬仰。这里就是拥有柏拉图学院和亚里士多德讲学场的地方。这里诞生了苏格拉底、希罗多德、伯里克利、索福克勒斯、阿里斯托芬、欧里庇得斯、埃斯库罗斯。他在雅典卫城的帕提农神庙前膜拜，虔诚地许着自己的愿望。他也去了希腊历史文物博物馆，欣赏着陈列的从公元前4000年以来的大量文物、各种器具、精巧的金饰及人物雕像，艺术的魅力在这里展现得一览无余，威廉·戈尔丁如获珍宝。

他去了伦敦，在这个多元化的大都市内，他感觉到了从未有过的一种活力。他到了全球极为有名的大英博物馆，看着这座建于18世纪的、世界上最大的博物馆，他再一次大饱眼福。大英博物馆集中了英国和世界各国许多的古代文物，他看到了很多在他家乡的博物馆或者画廊所没有的东西。博物馆内的埃及文物馆，陈列着7万多件古埃及的各种文物；希腊和罗马文物馆，陈列着各种精美的铜器、陶器、瓷器、金币、绘画以及许多古希腊、古罗马的大型石雕；东方文物馆，陈列有大量来自中亚、南亚次大陆、东南亚和远东的文物。馆内还有西亚文物馆、英国文物馆、金币徽章馆、图书绘画馆等。

信步走在伦敦的街上，威廉·戈尔丁感受到了时尚的魅力，他突然向往一种大城市的生活。

于是，一个星期后，威廉·戈尔丁回到了家里，告诉父母，自己不想做老师，还是想从事写作之类的工作，他想到大城市闯一闯。父亲很诧异于他的决定，再三劝他好好思考，以前途为重。但他去意已决，父母最终同意了他的想法，毕竟他已经大学毕业，已经可以自主选择生活。看着母亲含泪为他整理行囊，他背过身，泪流满面。他看到了父亲鬓角的白发，看到了母亲眼角的皱纹，从他一出生就为他担忧为他欣喜的父母，即使他毕业了，还要为他操心。他第一次领悟了什么是爱，他后悔自己才大彻大悟，为什么早些年没有发现。

纵然如此，威廉·戈尔丁还是拒绝了父亲为他提供的工作，他就这样走上了那条真正属于自己的路！他不想到的是，这一走就是4年，这一走就是沧桑。

2. 磨炼自我

1935年——1939年，这是威廉·戈尔丁青年时代受尽磨难、饱经沧桑的岁月，也是他不堪回首的一段年华。做好了去伦敦实现梦想的决定之后，威廉·戈尔丁拿着父母为他准备的行李和金钱来到了伦敦，在这里开始了大学毕业后的生存。然而，他选择的路并不如想象中的那样顺利，而是历经了坎坷、挫折。

首先要解决工作的事情，威廉·戈尔丁拿着自己精心准备的材料到国家剧院应聘，然而，接待他的工作人员说，每天会接待至少20名像他一样毛遂自荐的年轻人，并拒绝了他。威廉·戈尔丁不服气，一连几天都在这里，他前所未有的执著，如此想得到这个机会。然而，国家剧院依然拒绝了他。威廉·戈尔丁那时候是骄傲的，他以为自己是牛津大学的毕业生，但是他没有想到物以稀为贵，当毕业生多了，他们就不显得珍贵了。

虽然被拒绝，24岁的威廉·戈尔丁还是年轻、有魄力的。被拒绝后的他并没有悲观，也没有愤世嫉俗。他经历了稍微的低落期之后，又投入到了另一份工作中——伦敦一家小剧院的编导，他负责剧本的改编。在这份编导的工作中，他重新感受到了文字的魅力，本是一部小说，可以通过他的手来改编成电影或者电视剧，只是书本中的一句"他们紧紧拥抱着"，在实际的演绎中如此动人、多情。他想象中的情节就在他的笔下一一跃出。

他享受这份工作，然而，毕竟是刚工作不久，在为人处事方面他并不老道，年轻的他以为只要做好工作就可以。但是实际工作中，不仅要做好工作，还要处理好同事关系，他的性格稍微木讷，与同事、领导的关系并不是很密切。这与威廉·戈尔丁的天性有关，他不会阿谀奉承，也不会抓住时机去沟通。这导致了他最初工作的受阻。

威廉·戈尔丁感觉到自己的才华并没有被领导重视，只是每天像木偶一样日复一日的工作，他有很多关于剧本创新的想法都被领导一一否决。加之小剧院的人手不够，威廉·戈尔丁也开始做演员，他试着从表演中发现乐趣，但是他失败了。在演一个生活剧的时候，他扮演了一个成功的男士，可是他扮演的成功男士总是很忧伤，像一个刚失恋的男人。他对这种演员工作并不是怀着乐趣和激情去演的。

可是为了生存，威廉·戈尔丁总是尽自己最大的能力去做好。在小剧院工作的时候，他最大的收获是从内心意识到了大学期间教授常告诫他们的一句话——心态可以影响一切。他并不是做不好演员，而是心态不正确。有一次，导演在挑选一个落魄的男演员时，剧组里的人都试遍了，导演也没有找到他要的感觉。但是，威廉·戈尔丁一上场，导演很惊喜地喊着："他，就是他！"那时候，他仿佛找到了表演的乐趣，在那场戏里，一个刚刚失业的男人为了不打击妻子，一个人默默承受，甚至他手上的雪茄也是哀伤。

每当工作不顺心的时候，威廉·戈尔丁就想到了父亲和母亲，他想要是自己在父亲的学校该多好，或许现在他正在激情地给学生讲课，或许他现在正在批改作业，或许他此时生活无忧又快乐……想着想着，他就笑了，那是一种苦笑，当时拒绝了父亲的要求，就是断了自己的一条后路，想有什么用，自己是在后悔吗？

他用了近一个月的时间，挑战自我，上班的时候，他努力发自内心地打起了精神。尽管工作中遇到挫折，但是威廉·戈尔丁还是调整了自己的心态，乐观对待。他的生活渐渐步入正轨，认真工作，认真学习，认真读书，一切井然有序。他喜欢平和的生活，虽然他的薪水少得可怜，甚至没有体面的衣服。

1936年，威廉·戈尔丁再一次读了《资本论》、《共产党宣言》、《哥达纲领批判》等几本关于探讨资本主义和社会主义的书籍。他开始思考严峻的政治问题，随着资本主义的发展，资本主义国家机器必然是越来越严密的。譬如英国早期的"圈地运动"——民工潮，19世纪受到镇压的工人，只能采取暴力的手段，打碎国家机器。针对英国、荷兰这样选举制度比较完善的国家提出了和平革命的思想，希望通过选举多数的原则让工人掌握政权，但同时也要做好暴力革命的思想准备。他看着这些书，仿佛上帝给他打开了另外一扇窗，让他接触新思想，这些书籍带给他的震撼让他的工作再次陷入低谷。共产主义同分共享的愿望也成了他美好心愿。

那一年，他开始关注国际政治，关注布尔什维克，关注英国工党。想起了小时候他还写过关于英国工会运动的小说，想起了那时候的执著。经历了两年社会工作的威廉·戈尔丁感到了世界如此复杂，远不是自己的一个小圈圈。

他开始想接着童年写过的小说写，他又一次大量查阅关于英国工党的资料：1893年，英国的独立工党依靠工会成立；1900年英国的工会和各种社会组织联合起来，成立了一个工人代表委员会；1906年正式改名为英国工党，在当时成为继保守党、自由党后的第三大党；1914年第一次应邀入阁，赞成参战，被列宁批为修正主义；1924年，麦克唐纳在自由党的支持下首次组阁，后来因为自由党不再支持而倒台；1929年，工党成为下院第一大党，麦克唐纳再次组阁。看完资料后，威廉·戈尔丁意识到，政治运动也像是一场人生，总得大起大落才可以。

1936年，国际社会主义运动如火如荼地展开着，威廉·戈尔丁依然是小剧院里的编导、演员，他的日子和之前一样，薪水并不富余，他的生活过得很拮据，甚至有一种自己是流浪汉的感觉。成名后的威廉·戈尔丁对这段时光印象并不好——"那是一段落魄的日子"，他如是评价。但是作为一个作家，这4年的经历在他以后的作品中都有体现。这也是一笔无形的资产。

无论如何艰难，他都坚持了4年，可以说对他而言这已经显示了他坚强的毅力。但是，最终他还是回到了自己的家乡，开始了教学的生活。

第四章　爱情与婚姻

1. 爱情不期而遇

　　1938年的春天，在一个细雨霏霏的日子，威廉·戈尔丁离开了伦敦，他收拾好自己的行李，踏上了回家的路。回想几年前他就是拿着这些行李来的，那时候意气风发，不曾想，走的时候会是这般落寞和萧条。看着外面的细雨，他的心情也是如此潮湿。4年眨眼而过，24岁那年的梦想并没有实现，他甚至担负不起一个成熟男人应该担负的责任，他的父母依然为他操尽了心，威廉·戈尔丁意识到自己现在仍是一个不甚成功的男人。

　　父亲明确地和他说年龄大了，该结婚了。父亲告诉他，他此次回家的第一件事就是见一个女孩子，先确定终身大事再考虑工作的事情。4年过去了，他没有想到父亲提的要求竟是这般简单。威廉·戈尔丁听完了父亲的话，沉默了，他意识到自己这四年为父母考虑的事情太少了，这么多年来，他一直以为自己是在追求梦想，实际上，他错过了很多美好的东西，4年来，他和父母相处的时间太少。此刻的威廉·戈尔丁才意识到他已经28岁了，而他的父母也老了。

　　在父母的安排下，一个晴朗的日子，这是萨利斯布里极少有的晴天，威廉·戈尔丁第一次见到了他未来的妻子——安·布鲁克菲尔德。她是一个安静的姑娘，他见到她第一眼的时候就对她心生好感。他看着她，她的眼睛吸引了他，澄澈的蓝眼睛荡漾着柔情，仿佛是大海，可以陷进去。他就那样凝视着她，怎么看，怎么觉得这个女孩子是一件艺术品，要他去爱惜。她被他看得低下了头，羞赧的样子惹人怜爱。他内心一阵狂喜，第一次见到她，油然而生的一种责任感告诉他，这就是爱情。

安·布鲁克菲尔德是一个优秀的女孩子，金黄色的、飘逸的头发更是显得她婀娜多姿。安·布鲁克菲尔德上的是女子学校。她继承了母亲的美貌、聪慧，父亲的灵活、机智，可以说是一个在20世纪30年代英国很难得的女子。她看到威廉·戈尔丁的时候，恍若觉得爱情来了，她喜欢这个男人阳刚的气息，喜欢他明朗的笑容。后来事实证明，安·布鲁克菲尔德对于威廉·戈尔丁的成功起到了重要的作用。

威廉·戈尔丁在大学的时候为了学习不曾谈过恋爱，工作的时候想谈但是由于工作比较忙没有时间去交女朋友，工作期间，他也曾对某个女演员产生过好感，但那仅仅停留在欣赏的层面，并没有实质性的行为。正是血气方刚的年龄，他也渴望爱情，也希望有个女孩子来关心自己。因此这次见到了安·布鲁克菲尔德，他仿佛看到了花开，内心一片狂喜：是的，这个女孩子就是他想要的，他——威廉·戈尔丁就要恋爱了。

那天聚餐完毕后，他向父母表达了对安·布鲁克菲尔德的好感，父母听了，很诧异。他们曾担心若是威廉·戈尔丁觉得不合适，会再去托朋友、同事找合适的姑娘，考虑到他的性格，父母甚至做好了此次相亲失败的准备。当他们听到威廉·戈尔丁说"Mom，I like her!(妈妈，我喜欢她！)"的时候，诧异之余更是欣喜。母亲问他看好了安·布鲁克菲尔德哪里？威廉·戈尔丁的脸红了，笑着说，感觉。一见钟情是一种感觉，这是属于威廉·戈尔丁和安·布鲁克菲尔德之间的感觉，他们之间的爱情。

在双方父母的安排下，威廉·戈尔丁先后又和安·布鲁克菲尔德见了几次面。令他感到惊喜的是，他们有很多的共同语言，安·布鲁克菲尔德对文学也很感兴趣，虽说她没有受过正统的大学教育，但是她同样懂但丁的《神曲》、懂夏洛蒂·勃朗特的《简·爱》，和他一样欣赏简·爱的性格，他们滔滔不绝地谈论着简·爱和罗切斯特的爱情，他仿佛觅到了知音，后悔为什么不早点遇到她。安·布鲁克菲尔德也是这般，看着眼前这个俊朗的男子，爱慕之情油然而生。

1938年，他们结婚。那是一场典型基督教婚礼，尽管威廉·戈尔丁已经做好了结婚的准备，可是当他听到牧师在说——"新郎，你是否愿意娶新娘为妻，按照圣经的教训与她同住，在神面前和她结为一体，爱她、安慰她、尊重她、保护她，像你爱自己一样。不论她生病或是健康、富有或贫穷，始终忠于她，直到离开世界？"他内心还是痉挛了，几个月前，他还是伦敦一家小剧院的落魄编导，而今天他在进行自己的婚礼，是的，结婚是责任。沉思了片刻，他说"我愿意！"。"新娘，你是否愿意嫁新郎为妻，按照圣经的教训与他同住，在神面前和他结为一体，爱他、安慰他、尊重他、保护他，像你爱自己一样。不论他生病或是健康、富有或贫穷，始终忠于他，直到离开世界？"当他听到安·布鲁克菲尔德坚定地说"我愿意"的时候，突然有一种想流泪的冲动，那是一个女人对他的信任，对他的托付。他握紧了她的手，他一定要给她幸福！

他们的蜜月旅行选择在浪漫而美丽的巴黎，在这座浪漫之都感受着激情、浪漫以及欢乐。他们牵手走过埃菲尔铁塔、凯旋门、爱丽舍宫、凡尔赛宫、卢浮宫、巴黎圣母院等，在这些流连忘返的地方，他们规划着未来。蜜月之后的新婚夫妻，感情更融洽。父母看着威廉·戈尔丁和他的妻子安·布鲁克菲尔德幸福的样子，笑了。这个一直让他们为之担心的小儿子，终于成家了。可是他的母亲米尔德里德流泪了，有高兴、有不舍、有担忧、有希望。她的丈夫拥抱了他一下——"亲爱的，要相信我们的儿子！"

初为人夫的威廉·戈尔丁对新生活充满了向往、希望，他享受那种感觉。清晨起来，会有亲爱的妻子为他做饭，晚上也不再是一个人辗转难眠，他看过的书可以和她探讨，甚至一起畅想未来美好的人生。有一天清晨，他起床后，看着妻子还在睡梦中，她恬静的样子让他激动，这是一种很满足、很微妙的感觉。威廉·戈尔丁看着父母发自内心的笑容，他自己也感到欣喜。他会在清晨起床或者入睡前祈祷，感谢上帝带给他的幸福生活。

蜜月之后，在父亲的介绍下，威廉·戈尔丁开始了自己的教师生涯，他在南部萨利斯布里的一所教会学校——霍兹霍斯主教中学担任英文与哲学讲师。霍兹霍斯主教中学是英国基督教会建立和控制的一所学校，由于是基督教会控制，学校氛围烦闷而缺乏活力。或许是新婚不久的缘故，他对教学工作充满了热情。

2. 一个讲师的平凡生活

威廉·戈尔丁也没有想到，不过半年的时间，他就过上了如此安稳的生活，有娇柔可爱的妻子，有稳定的工作。回想起那段在剧院工作的生活，恍若做梦一样。威廉·戈尔丁第一次感觉到了后悔，4年的光阴流水般逝去了，其实早这样该多好。想起往事，他更感到了今天的幸福，更要珍惜眼前的工作，珍惜自己的家庭、爱人。1937年，威廉·戈尔丁开始了一个讲师的平凡生活。

他偶尔会感到这样的日子单调，但是还是和安·布鲁克菲尔德将平凡的日子过得风生水起。

威廉·戈尔丁的骨子里有浓郁的浪漫主义情怀。他会在不经意中给安·布鲁克菲尔德一些出乎意料的惊喜。一个暖阳阳的星期六，他们一起在书房低头看书，四周静悄悄的，仿佛稍有声响就会了这份静谧。然而，威廉·戈尔丁突然拉起了妻子，一起来到了院子，他指着灿烂的太阳，笑着说："你就是我的阳光！我离不开你！"安·布鲁克菲尔德一时愣住了，她看着他明朗的笑容，意识到这个男人是深深爱着自己。这件事对于安·布鲁克菲尔德影响很大，后来威廉·戈尔丁成名后，她和朋友回忆这件事的时候，情不自禁地流了泪。

威廉·戈尔丁和他妻子的感情在20世纪30年代的英国并不多见，那时候资本主义专职比较强烈，对于类似于威廉·戈尔丁这种贵族家庭的婚姻一般都是政治婚姻或者包办婚姻，很少有可以自由恋爱。因此在日常的生活中，威廉·戈尔丁和妻子性格相投、心心相印，这种发自内心互相心仪的婚姻很难得。威廉·戈尔丁在这段时期内深深体会到了家庭的温暖，以至于他后期参加战争的时候，最怀念的就是家，出去后才知道家是他心里永远的牵挂。

结婚后的威廉·戈尔丁不但家庭生活幸福，而且事业也开始日渐顺利。虽然霍兹霍斯主教中学是一所教会学校，但是学校里的学生依然是孩子的天性，他们烂漫、纯真，给他的教学生活带来了很多乐趣。他给他们讲自己喜欢的作家，讲那些作家的作品，讲大学时代他的教授曾给他讲过的故事，讲遥远的、神奇的、充满了魅力的中国，看着学生们充满了求知欲望的双眸，他多么渴望把自己知道的一切都传授给他们。

新婚蜜月后，威廉·戈尔丁有幸被学校派遣到剑桥大学学习，他有幸阅读了著名教育家利维斯与他的学生汤姆森于1933年共同出版的《文化与环境》一书。在利维斯看来，值得保存与提升生活品质的事物，是相对于流行文化而存在于精英阶层的高级文化，流行文化带给人们的虽然是立即性的愉悦，但却是不堪一击的肤浅与低层次，而高级文化是通过赏析的方式，进入心理层次的对话与交流，因此唯有发扬和保存高级文化，才是使人类免予心灵腐败及文化堕落的方式。

威廉·戈尔丁第一次接受关于教育方面的学习，他如饥似渴地读着这些书籍，突然清醒地意识到自己身为教师的传播功能，他开始反思自己教师角色。如果说之前他仅仅把教师这个职业当做生存技能来看的话，那么此次培训之后，他已经把教师作为一种灵魂的事业来对待。

此次学习之后，威廉·戈尔丁对待教学工作更加用心，他认真钻研教材，从教材中发现亮点。同时站在学生的角度完善教学方式、鼓励孩子。他会在业余时间，把他需要教授的课文改编成剧本，让学生来扮演不同的角色，既加深了对知识的理解、掌握，又锻炼了学生们的语言表达能力，看着学生们纯真的笑靥，那时候，他是一个简单而快乐的导演。

威廉·戈尔丁新颖的教学方式受到了学生们的欢迎，他在教学中更注重学生能力以及创新的培养，除此之外，他更早注重对学生人性的培养。威廉·戈尔丁一直都是一个善良的人，他幼年的时候，经历过第一次世界大战，现在回想起来，那种恐惧犹存心头，也许哪一颗子弹一不留神就射死了他或者他的家人。第一次世界大战时的威廉·戈尔丁还小，只是不想面对战争，可是逐步长大，对战争就是一种憎恶的心态，他极力渴望和平。然后威廉·戈尔丁真正切身地经历过战争之后，开始疯狂挖掘人性中的邪恶，这是后话。

在威廉·戈尔丁的这段教师生涯中，他真正做到了一个教师该做的事情——传播知识、传播真善美、传播人性的善良。所以当他在给学生们讲到第一次世界大战的时候，他并没有刻意去批判这些国家，只是从自己的角度来讲第一次世界大战是一场非正义的、帝国主义争霸性质的掠夺战争，除塞尔维亚等少数国家具有民族解放和自卫的正义性质外，其他都是非正义的。他们的正义不能根本改变整个战争的性质。虽然英国也作为侵略国参加了此次战争，然而威廉·戈尔丁是英国人。

那是1938年的冬天，威廉·戈尔丁的生活简单如水，他喜欢这种状态，没有勾心斗角，没有尔虞我诈，认真做好自己的教学工作。在和学生相处的过程中，他已经深深地爱上了这群单纯而调皮的孩子。在一个夕阳很美的黄昏，太阳依然挂在树梢，他远远地看到了妻子向自己的方向走来，看到妻子满脸笑容，他会觉得一天那么快乐、充实。妻子神秘地笑着"亲爱的，你要做爸爸了。"妻子的声音不大，却震撼了他，他停下了脚步，看着这个为他操劳的妻子，深深地吻了她的额头。

她给他的惊喜，是的，莫大的惊喜，他要做爸爸了。吃饭的时候，他看到父母也是喜上眉梢，笑得那么开心，藏都藏不住。威廉·戈尔丁才意识到，这是父母期盼许久的事。那天晚上，威廉·戈尔丁怎么也无法入睡，他摸着妻子的小肚子，想着这个他们一起构造的小生命会是什么样子。睡梦中，他梦见一个小女孩远远地向他跑来，笑着喊他，爸爸。威廉·戈尔丁沉浸在喜悦中，连梦都是甜的。

第二天早上，他告诉妻子他做过的梦，妻子看着他笑，而后深深地吻了她。威廉·戈尔丁感到，自己此生最大的愿望就是能和这个女人相伴到老、不离不弃，他要将这种平凡生活延续到永远。

3. 他爱他的孩子

1939年是威廉·戈尔丁一生中重要的一年，这一年，他恋爱了，结婚了，有一个稳定的工作了，而且要做爸爸了。他一直沉浸在即将做父亲的喜悦中，同时，也开始学会了照顾安·布鲁克菲尔德。他下班后，会拿起他童年时期的童话故事，坐在妻子身边，像模像样地给肚子里的孩子讲故事，仿佛他的小儿子或者小女儿已经坐在他身边可以听懂他讲的故事了，那时候的威廉·戈尔丁如此感性。妻子看着他这样，忍不住摸着自己的小肚子，期盼着他（她）快点跳出来。

威廉·戈尔丁开始注重饮食营养。在那时候的英国，作为一个男人很少关注孕妇的营养。因为有保姆，所以这类事情一般不需要男人来掺和。但是威廉·戈尔丁充满了极大的热情来做这件事情。在安·布鲁克菲尔德怀孕期间，威廉·戈尔丁学习很多如何给孕妇补充营养的知识，已经算得上是半个营养专家了。

在安·布鲁克菲尔德出现妊娠反应的早期，她的家庭医生告诉威廉·戈尔丁胚胎各器官的形成发育需要较为全面的营养，例如，蛋白质、维生素、碳水化合物、脂肪、无机盐和水。但是由于妊娠反应，孕妇往往不能吸收合理的营养素。所以，膳食要根据妊娠反应的情况，依照孕妇的口味，合理进行调配，尽量满足胚胎发育所需的各种营养。威廉·戈尔丁像个学生，认真学习如何搭配膳食，他做好饮食食谱，让保姆去做。

在孩子还没有出生的时候，威廉·戈尔丁就在想孩子的今后，他想他一定要遵循孩子的意愿长大，孩子喜欢做什么就依着他（她），自己到时候一定会抽出时间陪他（她）玩。忍不住回忆起了自己的童年，威廉·戈尔丁感到了时光的魔力，时光真可怕，把他年少时候的梦想都磨灭了，他想成为一名作家，估计这个愿望今后很难实现了。他开始把自己的精力放在自己的妻子、孩子、学生身上，哪有时间再去实现自己的梦想呢？想到这里，威廉·戈尔丁有些失落。

他依然按部就班地工作着，看着一批一批的学生毕业，他仿佛看到了以后自己的孩子也会这般。每天晚上他依然会在妻子身边，和他的孩子说一会儿话，给他（她）念书或者仅仅唱一首歌。他们更多的是考虑着孩子的名字，安·布鲁克菲尔德说，要是女儿，就叫朱迪·戈尔丁，要是儿子，就叫大卫·戈尔丁，你我一看到他就可以叫着他（她）的名字，你说是吗？威廉·戈尔丁点头，看着这个幸福的女人，他是如此爱她。

日子就这样悠悠荡荡地过着。1939年7月，他的女儿出生了。威廉·戈尔丁看着这个小人，突然理解了当初自己的父母为什么会彻夜不眠地看着自己，他也是这般彻夜不眠地看着这个流着和自己同样血液的小孩子，他怎么也看不够。他不断轻轻地呼唤着——"朱迪"，可是这个安详的小家伙就是闭着眼睛呼呼地睡着。这个小孩子的出现真正激起了他身为父亲的责任。他看着床上脸色苍白的安·布鲁克菲尔德，握紧了她的手，给她看他们的孩子，他们都笑了。

他自己笨手笨脚地给他最爱的小女儿换尿布，她哭的时候，抱着她走来走去。威廉·戈尔丁终于体会到了，他的母亲曾经和他说，你小时候哭的时候我和你父亲都觉得惊喜。是的，当朱迪哭的时候，他并没有感到烦闷扰人，而是很有意思地想怎样能够制止她的哭，让她开心地笑。在朱迪安静地睡着之后，他和安·布鲁克菲尔德讨论着孩子的鼻子像他，嘴巴像她，长大绝对一个小美女。他们夫妻把朱迪的生活想到很远。仿佛那时候他们已经都老了，而这个小女孩则是他们的支柱。

然而他和她想象中的平凡生活并没有如期进行着，1939年9月，第二次世界大战爆发了。第一次世界大战结束后，帝国主义时代所固有的各种基本矛盾一个也未解决，而且又增加了战胜国与战败国之间的矛盾以及帝国主义战胜国之间的矛盾。随着帝国主义国家间经济、政治和军事发展不平衡的加剧，军事实力发展较快的德、意、日三国要求重新划分世界势力范围，使帝国主义之间的矛盾进一步尖锐起来。

威廉·戈尔丁的美好生活才刚刚开始，然而第二次世界大战却唐突而无奈地来了。他的小女儿才出生2个月，他担心战争会影响到她的小女儿，想到小时候经历过的一战，他心存恐惧，怕战争会影响他们的平静生活，怕子弹会无情伤害到他的家人。他有一种欲望，无论战争如何，他一定要保护好自己的妻子、女儿。

父亲把他叫到眼前，告诉他，如果战争一旦爆发，他们可能还会搬家，搬到一个战争影响不到的地方。他看着父亲严峻的表情，知道父亲的决定是迫不得已的。父亲让他做好准备，他是家里的男人，有责任、也有义务来避免这场战争可能给家庭带来的危害。威廉·戈尔丁听着父亲的话，看着父亲凝重的表情，感到了一种前所未有的压力。

1939年9月1日德国入侵波兰，此前，8月23日《苏德互不侵犯条约》的签署，使得希特勒得以放手入侵波兰。在这份条约的秘密备忘录中，双方约定沿维斯瓦河、纳列夫河和桑河一线瓜分波兰。除此之外，芬兰、波罗的海沿岸的几个共和国以及罗马尼亚也进入了苏联的势力范围。这件事直接导致了第二次世界大战的爆发，英法对德宣战。第二次世界大战正式开始。

就在威廉·戈尔丁筹划着要搬家的时候，英国政府下发了文件，要他参加二战。看到文件的他刹那间愣住了。他看着白纸黑字，忍不住怒吼——"Fuck！"他内心保护家人、维护家庭的事情还没有来得及做，他的妻子还在坐月子，他的小女儿还没有长大，他，却要到前线了。那天，威廉·戈尔丁不知道是怎么走回家的，也不知道是怎么和妻子说的，他只知道妻子哭了，妻子怀里的小女儿看着妈妈哭了，她也跟着哭了。看着哭泣中的妻女，他心如刀绞，彻骨地疼。

然而，他还是准备了去前线的行李。那一夜，他和妻子无眠，仿佛要把一生的时光都要渡过一般。威廉·戈尔丁哭了，一个大男人哭着对他的妻子说"亲爱的，辛苦了！照顾好宝宝，还有我们的父母。"安·布鲁克菲尔德紧紧地抱着他，谁都知道残忍的战争，谁都知道不长眼睛的子弹。她只能无声地啜泣着，生怕他要溜走。

可是，威廉·戈尔丁又不得不走，他站在去战场的车里，对着父母、爱妻以及才两个月大的小女儿挥手。

谁都想不到，威廉·戈尔丁一走就是5年。

第五章 战争带来的阴霾与灵感

1. 战争的磨难

　　威廉·戈尔丁以中尉军衔加入了英国皇家海军而直接参战的。在路上，有许多和他一样有妻有子、舍不得离家的同伴，他们探讨着战争的邪恶，战争爆发的原因。同乡的朋友史密斯是一个历史老师，他是一个单身汉，在路上不断发表着他对二战的看法：1929—1933年资本主义世界严重的经济危机引起了政治危机，德国和日本建立了法西斯专政，而英、法、美继续坚持资产阶级民主制度，这是世界大战爆发的根本原因。第二次世界大战涉及很多历史问题。

　　威廉·戈尔丁笑了，一个单身汉真是无法理解一个有家室男人的想法。要是他自己没有结婚，也许他也和他一样议论着这些。可是现在二战爆发的原因、如何爆发这些问题对他来说已经不重要了，重要的是他已经离开了家人来到战争。威廉·戈尔丁听着史密斯的话，自己却那么想念家庭。

　　刚开始步入军队，就有专业的教官对他们进行专业培训。这期间，威廉·戈尔丁每天看报纸，上面写了英国牺牲了多少人……他内心深处的血性被激发出来了，自己是一名英国人，就要保卫国家！那么多为国家牺牲的人，他们也有家也有孩子，他要担负起一个公民的责任，保护自己的家庭、孩子，保护那些失去了父亲的孩子、失去了丈夫的妻子。经过短暂的培训，威廉·戈尔丁以一名战舰指挥官的身份正式步入战场。

　　威廉·戈尔丁从来没有接触过真枪实弹，刚开始踏上一线，他的内心还是稍微有些恐惧，万一不幸牺牲怎么办。他甚至提前写好了自己的遗书，他担心的父母、妻女、学生，他都一一写下。他想象着要是安·布鲁克菲尔德知道他牺牲了，一定会很伤心，他也不能看小女儿长大了，想着想着，他忍不住泪流满面。这时候，他的老乡走过来，看到了威廉·戈尔丁的样子，就鼓励着威廉·戈尔丁："打起精神来，我们要好好去打，只有这样，我们才能尽快回家，我想我的孩子。"威廉·戈尔丁看着和自己一样的男人，是的，鼓起勇气战斗吧。

第二次世界大战时期的英国海军是一支重要的参战部队。1940年11月，威廉·戈尔丁参加袭击意大利塔兰托，首开使用舰载机击沉战列舰先例，作为一名战舰的指挥官，他成功地指挥了此次行动，重创了当时的意大利海军，从而牢牢地把地中海的制海权掌握在自己的手中，这也为英国在北非的战场提供了补给保障。紧接着，威廉·戈尔丁指挥英国海军攻击法国土伦港，消灭了贝当政府即将投降纳粹的本土舰队。可以说，威廉·戈尔丁不仅仅是一名成功的教师，也可以做一名成功的指挥官，他将指挥官的风度发挥得淋漓尽致。

而且整个二战期间，英国海军在整个大西洋航线上都在和邓尼茨的"狼群"们做着殊死的战斗。同时，威廉·戈尔丁指挥的战舰也参与围歼了当时世界上最强有力的战列舰"俾斯麦号"，从而把德国海军彻底压制在了水下。此次战争虽然胜利了，但是威廉·戈尔丁失去了几个战友，他们曾经在一个战壕奋斗过，他们曾在一个夜幕里聊着自己的家庭。其中就有高他两级牛津大学的校友威尔斯，他的钱夹里有一张他和他妻子、孩子的全家福，一家五口甜蜜融融。而如今……威廉·戈尔丁不敢想象他的家人知道这一噩耗的情景。他们一起敬礼，可是牺牲了，就这样牺牲了。

威廉·戈尔丁在战争中表现出双重的性格，一方面他为自己国家在战争取得的胜利而兴奋；另一方面，他看到那些被他们击败的敌人，他们丧生在大海，没有人会记住他们的名字，只有远方的家人挂念他们却不知道他们已死去，想到这里，威廉·戈尔丁感到失落。经过战争的他，原本善良的性格渐渐泯灭。

1941年12月10日，他从广播里听到了英国海军的"威尔士亲王号"和"反击号"在支援新加坡的战斗中全部被日本海军舰载机歼灭，无一人幸免，同时英国从此彻底退出了东南亚以及南太平洋的报道。听到这一消息，威廉·戈尔丁震住了。全国哀悼。此时，威廉·戈尔丁的爱国主义情怀已经深入骨髓，他憎恨那些法西斯势力，憎恨纳粹党。

他在报纸上看到希特勒的讲话：日耳曼民族是世界上最优秀的种族，其他种族都应当接受日耳曼民族的领导和统治；犹太民族是世界上最"低劣"的种族，应当对之实行种族灭绝。在报纸上看到日本天皇的讲话：大和民族是世界上最优秀的民族，只有大和民族才能统帅亚洲各民族，建立"大东亚共荣圈"，一同对抗欧美民族，与西方平分世界。这更激发了威廉·戈尔丁要打败他们的欲望。

无论是对于参战的士兵、还是普通百姓而言，战争都是一场磨难。战争带给他们的远不止是痛苦这般简单，更多的是一种折磨、打击。1940年3月，威廉·戈尔丁曾经给家里邮寄了一封信，但是他一直没有收到回复。威廉·戈尔丁不知道他们是否收到了他的信，不知道他们现在是否安好。那种牵挂、忐忑一直持续到了1941年6月，他收到了安·布鲁克菲尔德给他的回信，当妻子隽秀的笔迹呈现在他面前的时候，他看到了曙光、希望。

妻子在信中说，家里一切安好，她是1941年3月份收到了他的信，立马回复。信中还附上了一张小女儿的照片了，她会走了，会喊爸爸了，她的眉眼很像他。威廉·戈尔丁看着妻子的信，仿佛又看到了妻子，仿佛女儿就在眼前叫他，这是战争以来，他感到的最大的幸福。他不曾想到，自己邮寄回家的信竟然会在路上走大半年。他看着妻子的最后一句话——"亲爱的，冬天来了，春天还会远吗？"笑了，他认真地将信折起，放在自己的贴身布袋里，这是他最有价值的东西，也是一直鼓舞他、让他坚持的信念。

威廉·戈尔丁无数次地梦见自己的家乡、梦见一个小女孩蹒跚地走路，叫他爸爸，梦见自己揽着妻子在路上散步，路边开满了郁金香。威廉·戈尔丁总是在睡梦中梦到她们，他最大的心愿就是快点结束战争，回到家乡，回到家人身边。经过战争，威廉·戈尔丁才知道之前平凡、静谧的生活是多么幸福。

盟军在战争中节节胜利，威廉·戈尔丁仿佛看到了胜利的曙光，战士们的情绪也日益见好，他们空闲的时间会准备好手榴弹、玩推圆盘和纸牌游戏，甚至通过袖珍字典学习法语。

然而，战争带来的磨难，远远不止这些，等待威廉·戈尔丁的是更加残忍、危险的事情。

2. 参加诺曼底登陆

1944年6月6日早6时30分，威廉·戈尔丁接到上级通知，盟军为了使纳粹德国早日投降，加快了进攻步伐，开辟第二战场，要求英国海军直接从法国诺曼底地区登陆，和苏联两面呼应。起初威廉·戈尔丁以为这只是一次普通的战役，可是当他看到收到的报告上写到——为实施这一大规模的战役，盟军共集结了多达288万人的部队。陆军共36个师，其中23个步兵师，10个装甲师，3个空降师，约153万人。海军投入作战的军舰约5300艘，其中战斗舰只包括13艘战列舰、47艘巡洋舰、134艘驱逐舰在内约1200艘，登陆舰艇4126艘，还有5000余艘运输船。空军作战飞机13700架，其中轰炸机5800架、战斗机4900架、运输机滑翔机3000架。他意识到，此次战役非同小可。

紧接着，英国海军总指挥伯特伦·拉姆齐上将将所有的中尉及中尉以上的军官召集起来开会。他说，诺曼底登陆战役很有可能是20世纪最大的登陆战役，也是战争史上最有影响的登陆战役之一，大家要聚集所有精力，共同战胜这一战役，这场战争的胜利直接关系着二战的胜利，明白吗？所有军官大声回答——明白！在浑厚的男声中，威廉·戈尔丁感到了此次战役的严峻性和重要性，不知不觉握紧了拳头。

伯特伦·拉姆齐上将是威廉·戈尔丁钦佩的一个上将，不仅是因为他精湛的指挥技术以及领导水平，更是因为他在第一次世界大战中表现的从容和他对名利的淡泊。大学期间，威廉·戈尔丁看了关于第一次世界大战的相关知识，其中就有关于伯特伦·拉姆齐上将的专访。1915年，伯特伦·拉姆齐婉言谢绝了罗伯特爵士邀请他做副官的美意，正是他的这种淡泊名利挽救了他的生命，因为在日德兰海战中罗伯特爵士乘坐的"挑战"号巡洋舰被击沉，几乎无人幸存。所以，威廉·戈尔丁暗中鼓励自己，一定取得胜利！

威廉·戈尔丁被编入G编队，属于东部特混舰队，该舰队主要由英国军舰组成，共3艘战列舰，13艘巡洋舰，30艘驱逐舰，302艘其他军舰，2426艘登陆舰艇。威廉·戈尔丁所属的G编队主要是负责运送英国第50步兵师在"金"滩头登陆。盟军选择在诺曼底进行登陆是因为考虑6月的天气不好，利于隐蔽作战，然而这也给作战部队自身带来了困难。

1944年6月6日上午，威廉·戈尔丁带领着编队按时到达换乘区，准备开始进行登陆。然而由于诺曼底海岸风浪大作、天气恶劣，加上船上的导航由于自然原因而出现的错误，导致了登陆时间比预定时间推迟了20分钟，这就意味着登陆将错过合适的潮汐。威廉·戈尔丁下令战舰在涨起的潮水中进行，对于威廉·戈尔丁来说，这是一个困难的抉择，因为这时候前进就意味着登陆艇必须在被潮水淹没的障碍物之间卸下人员、车辆和物资。

值得庆幸的是，虽然是在涨起的潮水中前进，但是登陆的损失还不大。然而谁都料想不到的是，在登陆艇卸载完后返航时，被设在障碍物中的水雷炸沉，其中运送一个营的24艘登陆艇被炸沉20艘，损失率高达83%。一瞬间，那么多战士被炸身亡，威廉·戈尔丁心里很不是滋味。可是战争还在继续，登陆还要进行，他们甚至没有来得及给那些牺牲的战士举办一场葬礼，就匆匆踏上了去战争的路。

由于航空火力和舰炮火力准备时天气恶劣，所以起初盟军对德军的防御工事破坏力和影响力都不是很大，甚至盟军步兵上陆后，一度遭到德军的压制。还好威廉·戈尔丁的战舰在对德军不断地发起进攻，并且其他编队的舰炮火力召唤支援及时准确，加上盟军的水陆坦克积极配合，终于突破了德军防线取得了战略性进展。

然而6月6日晚上，由于运送工兵的登陆艇很晚才到，排除水下障碍物的工作直到涨潮过后才开始，这样使得海滩上通路很少，导致大量战舰拥挤在海滩上。威廉·戈尔丁船上的一名战士发高烧，由于登陆时将被子等御寒的物资都扔了下去，因此战士冻得瑟瑟发抖却毫无办法。威廉·戈尔丁将自己的衣服脱了下来，披在战士身上："坚持，我们马上就要上岸了。"后来，直到将近凌晨的时候，在特种坦克支援下打通了12条通路，这才迅速疏通了海滩，保障了后续部队的登陆和推进。

6月18日，威廉·戈尔丁接到上级的命令，要把登陆场扩展到宽10万米，纵深10万米。同时，上级告诉他，盟军计划在登陆场右翼空降2个美国伞兵师，切断德军从瑟堡出发的增援，并协同登陆部队夺取"犹他"滩头，在左翼空降1个英国伞兵师，夺取康恩运河的渡河点，要威廉·戈尔丁做好支援和配合工作。在威廉·戈尔丁给下属分配工作的时候，或许是经过战争的洗礼，他们都异常平静，坚定地表示，要做好此次工作。

为了配合此次行动，威廉·戈尔丁另外率领8个加强营在5个滩头登陆，建立登陆场，在巩固和扩大登陆场后，后续部队上岸，右翼先攻占瑟堡，左翼向康恩河至圣罗一线进攻，掩护右翼部队的攻击；第二阶段攻占冈城、贝叶、伊济尼、卡朗坦；第三阶段攻占布勒塔尼，向塞纳河推进，直取巴黎。诺曼底登陆取得了阶段性成果。

此次进攻成功之后，威廉·戈尔丁率领舰队攻击黄金海滩，黄金海滩是诺曼底登陆行动的中心点。同样是由于涨潮和海相不佳的缘故，舰队登陆的时间则比犹他和奥马哈海滩的登陆行动晚了1个小时。德军在滨海小城利维拉和阿梅尔部署重兵防守，还在离海岸500公尺的内陆设置了4门155毫米的重炮，直接瞄准海岸。进攻局势极为严峻，英军在皇家海军"艾杰克斯"号的强力炮火轰击下，终于摧毁这4门重炮，压制了德军的防卫火力。威廉·戈尔丁率领舰队在入夜之前进攻，迫使防守的纳粹部队往内陆撤退6英里。此次活动，威廉·戈尔丁的部队的损失200名官兵。

从广播里传来的消息越来越好，威廉·戈尔丁仿佛看到了胜利就在眼前：7月1日，盟军宣布"霸王"登陆作战中的海军作战即"海王"作战胜利结束；7月3日，盟军集中14个师的兵力，向登陆场正面德军约7个师发动猛攻；7月8日，英军2个师和加军1个师在海军舰炮火力支援下，向卡昂实施中心突击；7月9日，德军党卫军装甲教导师被调到维尔河地区，抗击美军的攻势，尽管该师全力奋战，仍阻止不了美军的推进；7月10日英军占领卡昂。

这期间，盟军已经攻破了敌军主力，再次登陆的任务并不严峻。威廉·戈尔丁作为一名指挥官，不断告诫战士不要轻敌。直到 8月19日渡过塞纳—马恩省河后，盟军彻底占领了巴黎、诺曼底，这场有史以来最大规模的一场战役结束了，威廉·戈尔丁他们胜利了。

1945年2月，美国、英国、苏联三国首脑罗斯福、丘吉尔、斯大林为了加快取得反法西斯战争的最后胜利，解决战后的重大问题，他们探讨如何彻底消灭德国军国主义和法西斯主义，惩办战犯，实现战后民主化，准备在战后成立联合国，苏联在欧战结束3个月内参加对日作战等。威廉·戈尔丁看着报纸上的分析，看样子第二次世界大战马上就要结束了。

1945年5月8日，威廉·戈尔丁听到德国正式签署无条件投降书的时候，异常激动，战争终于胜利了！虽然他还在舰队中，但是战斗已经很少了，大多数时间，他和其他中尉们一起聊天或者打牌。

1945年8月15日，日本裕仁天皇宣布无条件投降。1945年9月2日，日本政府代表在美国战舰"密苏里"号的甲板上签署无条件投降书。第二次世界大战宣告结束。战争结束了！战争结束了！大家奔走相告。5年，像是一个紧箍咒一直束缚着他们，如今他们自由了，可以各自返回自己的家乡！威廉·戈尔丁恨不得立刻飞回自己的家乡，拥抱一下这些年辛劳的妻子、日渐苍老的父母还有或许不认识他的女儿。

3. 反思人性

　　第二次世界大战终于结束了。1945年10月，威廉·戈尔丁在接受英国皇家部队表彰之后，终于再次踏上了回家的路，这是他5年以来一直梦寐以求的事情。5年之后，他看到父母明显苍老的样子，感到自己是如此的不孝，看到安·布鲁克菲尔德辛苦地操持着家，照顾着父母、孩子，他如此内疚，还有自己的小女儿——朱迪，他还没有来得及好好看看她，她就长大了，叫着他"爸爸"，甚至她还会看书、会唱歌，这些本都是他该和她一起成长的，他抱着她，在亲她的时候，胡子扎疼了她的脸。他离开的时候，朱迪是那么的小，现在已经是一个漂亮的小女孩了，那段朱迪长大的时光，威廉·戈尔丁都丢失了。

　　退役回到家乡后，威廉·戈尔丁依然回到原来执教的学校教书，只不过从原来的讲师升为教授，并开始主讲英国文学。学校考虑到他刚从战场回来，特意给了他2个月的时间调整。他本想利用这2个月的时间，好好弥补一下妻子，让妻子好好歇一歇。然而，威廉·戈尔丁却发现，战争对他影响很大，连正常的睡眠都很难保证，他时常在睡梦中被噩梦惊醒，他梦到牺牲的战友，梦见被自己打死的德军，甚至梦见他们的家属在梦中哭泣。威廉·戈尔丁难得在家里可以好好休息，却睡得如此不安宁。他在不知不觉中发现，他已经患上了战争后遗症，并且，他开始不断反思人性。

　　第二次世界大战改变了他的观点。他看到了真正在危机的情况下，一个人为了逃生什么事情都可以做得出来，哪怕杀死自己的同类，之前他也从文学作品里知道这些残酷的事情，可是真正经历过、亲眼看到过之后，这些就在他心里形成了阴影。而且，这不是新几内亚的猎人头者或亚马孙河流域的原始部落的问题。这些问题是一些受过良好教育的、有文化的人们以冷酷的专业技能犯下的桩桩暴行。那些人是医生、律师和一些有着高度文明和悠久传统为其背景的人们。他们公然对自己的同类犯罪。

威廉·戈尔丁曾经喜欢看《战争与和平》，当他真正经历战争后，还是意识到了小说终归是小说，没有经历战争的严峻，是体会不到那种绝望、希望甚至邪恶。他记得，在诺曼底登陆的时候，他亲眼看着一个德国士兵的领导命令一个士兵站在前面给他挡子弹。威廉·戈尔丁和他的妻子说起战争的事情时，她只是淡淡地笑着，仿佛那离她很远，仿佛她不信他讲的话。威廉·戈尔丁就一遍一遍地重复着，直到看到了妻子烦躁的表情。

从战争回来的威廉·戈尔丁意识到自己已经不是一个标准的绅士了，虽然他依然穿着整洁干净，但是他的内心世界已经开始变质。威廉·戈尔丁的脾气越来越暴躁，对于任何他看不惯的事情，他都会大吼大叫。他自己都不知道为什么会变成这样。每当要发火的时候，他总是竭力抑制，却没有任何效果。他曾将这种苦恼告诉妻子，妻子将他揽进怀抱，轻轻拍着他，恍若拍着一个幼小的婴孩："慢慢会好起来的，不用担心，亲爱的，你需要时间恢复。"

威廉·戈尔丁开始憎恶战争，战争改变了他，他觉得他的行为越来越多的并不是出于自身的思考，而是潜意识中的行为。威廉·戈尔丁第一次开始反思人性中的邪恶。他开始研究人类的心理、研究人性。他开始读弗洛伊德的书，他在本子上写着——潜意识行为是指人们总想去做、总喜欢去做，却不知道为什么会做的那些行为，而这正是人格最原始的与生俱来的潜意识的部分，具有强大的非理性的心理能量，潜意识行为的本性来源在于人们被压抑的性与攻击性需求，确切地说，是源于人类中人性邪恶的需求。

威
廉
·
戈
尔
丁
传

047

同时，威廉·戈尔丁开始大量翻阅关于西方"性恶论"的书籍，西方性恶论主要是指圣经的"原罪论"，说西方认为人有原罪，所以人性是恶的。且不论圣经算不算西方本源思想，就先来看看"原罪论"和"性恶论"的关系。"原罪论"在逻辑上并不等于"性恶论"，"原罪论"是说"我"一出生就有罪，而"性恶论"指不管什么时候我的本质都是恶的而不是善的。经过战争洗礼之后的威廉·戈尔丁开始信奉"性恶论"。

经过战争之后的威廉·戈尔丁不再相信人性的善良，尽管他的父母、妻子都是很善良的人。这种无形的变化并不是他自己刻意去改变的，而是潜移默化、不知不觉间发生了变化。

这种变化就表现在日常的生活和教学中，威廉·戈尔丁在战争之前对妻子表达的浪漫在战争后一概都消失了。同时他在课堂的风格也变得冷峻，除了教材要求的内容，让他多讲半句话都会有困难。

威廉·戈尔丁自己也意识到了这种变化，他曾经试图变成原来的讲课风格，他一直在努力，可是他失败了。5年过去了，教材也有所改变。虽然对于他来说，这些教材都是小菜一碟，但是还是要认真做好备课工作，为上课做准备。就是这种准备对于威廉·戈尔丁来说都有很大的困难。他甚至不想去看教材，也不想去图书馆翻阅资料。他对自己的状态很不满意，但又不知道如何去改变，就这样一天天浑噩地过着。

威廉·戈尔丁唯一没有变的是对女儿的爱，虽然朱迪已经6岁了，可是在威廉·戈尔丁看来，她依然是一个可爱的小娃娃。每当看到朱迪聚精会神地拿起一本书在读或者是看到她蹦蹦跳跳地和保姆在玩时，他就感觉，这个小娃娃，仿佛还和从前一样，会哭会闹，只不过，现在已经会跑、会跳、会读书了。朱迪常常缠着威廉·戈尔丁给她讲故事，在朱迪眼里，谁讲的故事都不如爸爸讲得动人，偶尔讲到大魔鬼的时候，爸爸总是会吓她一跳。

那段时间的威廉·戈尔丁过得并不快乐，他仿佛给自己的内心设置了枷锁，谁都进不去。他的妻子曾经试图和他沟通，解决威廉·戈尔丁的心理问题，但总不能如愿。他自己知道，这是自己内心的信仰变了，看着妻子为他操心，他却只是摇摇头。战争，这场该死的战争，怎么让他变得如此无情？

4. 儿子出生

1945年，从战场回来之后，许久未曾谋面的威廉·戈尔丁夫妻一天又一天地倾诉着他们的思念。他们在耳边说着情话，用彼此的身体来温暖对方。就这样，在1945年的12月份，安·布鲁克菲尔德怀孕了。当威廉·戈尔丁听到这个消息的时候，可能是因为参加战争的原因，也可能是因为已经有了一次做爸爸的原因，他已经不是早年那般激动。他摸着安·布鲁克菲尔德的小肚子，悄悄地说："我亲爱的宝宝，是不是你怕爸爸不开心，所以想早点蹦出来让爸爸开心？"

威廉·戈尔丁知道妻子怀孕之后，心情还是开朗很多。但是6岁的朱迪并不知道妈妈怀孕是什么，她好奇地看着爸爸摸着妈妈的小肚子说半天话，自己也走过去，摸着妈妈的小肚子，问妈妈："是不是里面有东西可以听懂我们的话呢，我该和它说什么话？"安·布鲁克菲尔德听着自己小女儿的话，笑了："朱迪，以后你会有个小弟弟或者小妹妹，那样你们就可以一起玩了呢，他（她）很依赖地叫姐姐，懂么？"朱迪歪着头想了一会说："就是和邻居家的约翰一样吗，他有个妹妹，他的妹妹会叫他哥哥，是吗？"威廉·戈尔丁摸着朱迪的头笑了。

朱迪当时给他带来了惊喜，如今，妻子肚子里的另外一个小生命依然酝酿着很多惊喜给他，他开始慢慢地接受生活。他和妻子商议，如果肚子里是个小男孩，就叫他大卫，如果是小女孩，就叫她艾达。威廉·戈尔丁的父亲亚历克·戈尔丁和母亲米尔德里德也极为赞同这两个名字，希望以后能够叫他大卫。两个老人对小男孩充满了希望。

1946年的秋天，威廉·戈尔丁一家在期盼和喜悦中迎来了大卫。这个小家伙一出生的时候，并没有哭泣，而是静悄悄地看着四周，和他的父亲对视着。威廉·戈尔丁轻轻地唤着他，大卫，就像当年呼唤朱迪一样。不曾想，他这一唤，大卫仿佛受了惊吓般，哇哇大哭。朱迪看着这个被称为自己弟弟的小婴孩，看着他粉嫩粉嫩的样子，开心地笑了："我也有弟弟啦！"仿佛她一起要让天下的人和她一起分享这种喜悦。

安·布鲁克菲尔德看着朱迪开心的样子，知道自己曾担心她会排斥大卫的想法多余了。如今有儿有女的她对生活很满足。她看着丈夫望着襁褓中的大卫，他脸上情不自禁的笑让她开心。大卫有着和威廉·戈尔丁一样澄澈的眼睛、高高的鼻子，她看着自己身边的小家伙，总是忍不住笑。

朱迪发自内心地喜欢这个弟弟，7岁的朱迪像模像样地拿着她自己的童话书给大卫讲故事，告诉他王子是英俊的，他就是一个王子。威廉·戈尔丁和妻子在一边看着朱迪认真给弟弟讲故事的样子，都想起了那时候威廉·戈尔丁给朱迪讲的故事，他们一样充满了感情色彩，虽然朱迪还小，可是从她的语气中仿佛真能感受到怪兽的到来。这是一个幸福的4口之家，其乐融融。

大卫一直都是一个听话的孩子，平时很少大哭。可是在他3个月大的一天晚上，他突然哇哇大哭，声音极其凄厉，安·布鲁克菲尔德打开他盖得小被子，发现了他的皮肤上有许多的小红丘疹及红斑，甚至后背地方的水疱已经破了，开始糜烂，有明显的黄色渗液流着。她惊恐地叫来了正在写作中的威廉·戈尔丁。对于没有经验的他们来说，这是一件多恐怖事情。安·布鲁克菲尔德看着处在痛苦中、哭泣着的大卫，自己也忍不住哭了，疼在大卫的身上，疼在她心里，大卫才是一个3个月大的孩子，她多希望她能代他承受。

　　威廉·戈尔丁安慰了妻子，而后快速叫来了父母。他的母亲米尔德里德看了看大卫的后背，告诉安·布鲁克菲尔德，这是小儿湿疹，婴儿中比较常见的一种病，不用担心。她吩咐保姆端来了食盐水，一点一点擦在大卫的身上。而就在短短的时间内，他们看着大卫身上的厚薄不一的红点点开始逐渐向四周蔓延，面部皮肤也开始出现了潮红及肿胀。米尔德里德的脸色逐渐凝重起来，她让儿子赶快把家庭医生迪克兰·高尔布雷丝叫来。

　　于是，一家人都在焦急而无奈中等来了迪克兰·高尔布雷丝，医生在简单了解情况之后，确定了大卫的发病病因主要是因为大卫的皮肤角质层薄，毛细血管网丰富，以及内皮含水及氯化物较多，因而容易发生病态反应。同时，安·布鲁克菲尔德机械性摩擦如唾液和溢奶经常刺激，在很大程度上，加重了他的疾病。他的这种病是在一瞬间发作出来的。这种病很痛，大卫作为一个小婴儿，还不会表达，所以只能大哭。

　　因为大卫才3个月，为了减轻他的痛苦，迪克兰·高尔布雷丝用硼酸水清洗大卫的身体，等疹子渗水时用纱布吸干，然后外涂宝贝专用湿疹膏。他告诉威廉·戈尔丁，这种清洗一天一次，同时迪克兰·高尔布雷丝决定从饮食上加强治疗。他反复嘱咐米尔德里德一定不要让母亲食用鱼、虾、蟹、鸡蛋等食品，这些食品会通过母乳把过敏原传给婴儿，加重婴儿的病情。

迪克兰·高尔布雷丝建议，在日常饮食中要让母亲多吃卷心菜——煮卷心菜的汤汁也一并喝下。卷心菜中含有L-谷氨酸盐，该成分形成的乳液有助于治疗肠漏。米尔德里德不懂得什么是L-谷氨酸盐，但是只要对她孙子有利的事情，她都愿意去做。这个小孙子，前一天还是咯咯地笑着，此刻，威廉·戈尔丁全家都担心着他的安危。一个才3个月大的孩子，就承受着如此巨大的痛苦，威廉·戈尔丁的心里很不是滋味。朱迪看着满身红点点的弟弟，竟然不敢上前和他玩。

一家人都开始围着这个小家伙转，为了尽快治好大卫的病，他的祖父母已经改掉了散步和阅读的习惯，天天在他眼前。婴儿湿疹对于婴儿来说是一件很痛苦的事情，只要一疼，大卫就会哭，祖父就抱着他到处走，哄着他玩。祖母会定时给他喂奶，生怕饿着他。

2个月后，在大家的细致照顾下，大卫的病情彻底恢复，他的哭声越来越少，笑声越来越多，大家都深深地松了一口气，这个小家伙，终于好了。朱迪又开始给他讲故事，她告诉妈妈，希望弟弟快点长大，那样的话，她就可以带着他到处玩了。安·布鲁克菲尔德看着朱迪，又看看襁褓中的大卫，一脸的慈爱，母爱的光环照在她的脸上，她看起来如此美丽。

第六章　开始文学创作

1. 灵感突现

时间真是一个神奇的东西，它可以冲淡一切，哪怕是痛苦。慢慢地，随着日子一天天过去，威廉·戈尔丁逐步从第二次世界大战的阴影中走了出来。也许是年龄已过30的缘故，他对教学工作的热情已经大不如之前。威廉·戈尔丁的身上很少看到了他初为教师时所具有的激情。经历过二战的威廉·戈尔丁在教学工作中开始墨守成规。他看着他曾经写过的教学笔记、为学生改编的剧本，仿佛不相信这些东西会出自他自己的笔。而这中间，是5年的距离，5年战争的沉淀。

有一天威廉·戈尔丁在课堂上讲述托尔斯泰的《战争与和平》的时候，用一种深沉的语气说：没有人渴望战争，可是为了自己的国家，他依然会参加战争，并且为自己国家所取得的胜利而激动。一个15岁的男孩子听完他的讲话后说：你是错了，有人渴望战争，因为战场可以成就一名英雄。威廉·戈尔丁听到学生说这样的话，想到了自己的战争经历，他沉默地笑了。如果是没有经历过战争的威廉·戈尔丁，也许他也会这么战争会造就很多英雄，有人会为了争当英雄而去主动参战。他想告诉这个学生其实更多的人是向往平凡生活的。但是今天，当他听到学生这般讲述的时候，威廉·戈尔丁感到自己已经倦怠了。

也许是上天注定的事情，威廉·戈尔丁开始苦恼、迷茫。不曾想到自己这段时期的经历对他今后产生了极其重要的影响。那段时间，为了摆脱苦闷的威廉·戈尔丁开始研究哲学。他开始读尼采的《悲剧的诞生》，尼采指出，在资本主义社会里，尽管物质财富日益增多，但人们并没有得到真正的自由和幸福。僵死的机械模式压抑人的个性，使人们失去自由思想的激情和创造文化的冲动，现代文化显得如此颓废，这是现代文明的病症，其根源是生命本能的萎缩。威廉·戈尔丁读完《悲剧的诞生》，对于生活及其意义有了新的看法。他认为世界的本体是生命意志。

威廉·戈尔丁自从接触哲学后，更加信服人性恶的思想，这种思想对他后期作品影响很大。他和安·布鲁克菲尔德讨论人性，他告诉妻子他已经不相信人是善良的，他认为人性本身是邪恶的。妻子瞪大了眼睛看他，她记得刚认识的时候，他是那么信奉善良。难道真的是战争改变了他吗？妻子听着他的理论，突然感觉他很陌生。她是一个善良的人，希望自己的丈夫也同样善良，她想改变他。

同时，威廉·戈尔丁无意中接触了伦理学，1903年英国著名伦理学家摩尔发表《伦理学原理》，介绍了元伦理学。元伦理学侧重于分析道德语言中的逻辑，解释道德术语及判断的意义，将道德语言与道德术语所表达的内容分开，主张对任何道德信念和原则体系都要保持"中立"，并在此基础上研究问题。在具体的研究中，有时机械地搬用自然科学的机械符号和公式，具有形式化和脱离实际的倾向。

威廉·戈尔丁第一次接触元伦理学，但是这种理论引起他深深的思考，有关道德、理智以及人性。那天威廉·戈尔丁吃完晚饭的时候，告诉妻子，自己已经厌倦了教学工作，他对生活很失望。安·布鲁克菲尔德看着苦恼的丈夫，微笑着鼓励他：做你自己。在威廉·戈尔丁成名之后，他依然记得妻子这句话，丈夫的堕落她一直看在眼里，可是她一直都没有抱怨丈夫的暴躁和失落，而是在沉默很久后，慢慢地说：做你自己。他听完后，深深地感动了，给了妻子一个拥抱，仿佛他要从妻子那里获取能量。而实际上，也是这件小事，激发了威廉·戈尔丁的写作灵感，让他重新拿起笔开始创作。

第二天早上，威廉·戈尔丁要去学校的时候，朱迪突然笑着对着他说："Dad，you are my hero，forever!（爸爸，你永远是我的英雄!）"刹那间，他恍若又感到肩上担负的责任。朱迪的话让他幸福，他现在已经不仅仅是他一个人，不仅仅是一个失落的第二次世界大战的军官，更是一个丈夫、父亲，甚至一个老师，他吻了自己乖巧的小女儿。在去学校的路上他不断反思，战争终归是结束了，无论怎样残忍，生活还是继续。他在他的教师日志上写着："You must believe yourself.（你必须相信自己）"威廉·戈尔丁写下了，并且做到了。

威廉·戈尔丁开始进行文学创作，他创作的第一个文学作品就是以一个第二次世界大战士兵的角度写出了战争后的状态，一个第二次世界大战士兵的战争后遗症、精神状态、工作状态以及家人给予他的鼓励，而这些完全是他自己的经历，自己的精神状态，他还把妻子对他讲的四个字，做你自己，写到了小说中。写完之后，他把手稿拿给妻子看，他相信那是让妻子相信他已经在努力走出精神荒岛的最好象征。

这之后威廉·戈尔丁开始恢复第二次世界大战前的自己，这主要归功于他的妻子安·布鲁克菲尔德和他的女儿。妻子在他的工作和生活中不断鼓励他，让他看到了一个充满魅力的威廉·戈尔丁。

他对工作逐渐地又充满了激情，同时能够主动担当妻子的一些家务。威廉·戈尔丁白天会在下课时，精挑细选几个故事，留着晚上给朱迪讲，他看着朱迪听着故事睡着，一种做父亲的幸福感油然而生。这个乖巧的小女儿，即使梦中也是笑着的。

工作上，他是一个称职的老师，生活上，他是一个称职的丈夫、父亲，仿佛他又回到了自己的新婚时期，对生活很满足。唯独与之前有变化的是，威廉·戈尔丁开始了自己的文学创作。可以说，威廉·戈尔丁是通过对哲学和伦理学的研究，慢慢地发现人类的共性——悲剧是存在人们生活中的方方面面，无可避免的。虽然无可避免但还是要乐观的接受，加上妻子、女儿对他的鼓励，这直接激发了威廉·戈尔丁的创作欲望。

2. 追回少年梦

文学创作将威廉·戈尔丁的生活引进了另外一种高度。他不仅仅是普通地教学、生活，并且认真地拿起手中的笔进行写作。威廉·戈尔丁想起了12岁那年要写的一本关于英国工会的小说，那时候自己多有激情，说写就写，而且还翻阅很多资料，做很多笔记。1946年，已经35岁的他开始构思一部关于人性的小说。尽管他的脑子里对自己理想中的小说的名字、情节、人物等一无所有，但还是固执地在教师日志上写道"1946年，威廉·戈尔丁要写一部轰动全球的小说！"/

没有谁有理由嘲笑任何人的梦想，因为任何人有了梦想都会有动力。威廉·戈尔丁虽然当时还没有多大名气，可是他的梦想让他坚持，他想起了小时候自己的愿望，成为一名作家。现在他竟然有一种预感，他觉得梦想就在眼前。1946年，电脑还只是运用在科研和军事领域，对于平民百姓还是很遥远的。威廉·戈尔丁就用笔和纸，描绘着最初的梦想。他是一个聪慧的男人，知道自己想要什么，他能够在最短的时间内构思出一个个精彩的故事，哪怕只是在下课的一瞬间。

威廉·戈尔丁开始把大量的时间用到了写作和阅读上，1947年，威廉·戈尔丁开始构思长篇小说《蝇王》。当他把自己的想法告诉安·布鲁克菲尔德的时候，妻子给了他一个紧紧的拥抱，鼓励他好好写，她相信他会成功！威廉·戈尔丁的成功在很大程度上离不开妻子的鼓励和支持。为了曾经的梦想，威廉·戈尔丁开始利用每一个可以写作的时间来写那时候还没有命名的《蝇王》，他只知道自己要写一部通过神话故事、从孩子的视角来表达关于人性的小说。

曾有别的教师嘲笑他：不过一个老师，搞什么深沉。他一笑而过：谁都有自己的梦想。在课堂上，威廉·戈尔丁告诉学生们，他孩童时期就开始写作，曾构思一个关于工会的小说，但是最终没有完成。他的学生静静听着他讲述他儿童时期的故事，他们不懂得眼前这个老师，他们也不知道这个说要写出著名文学作品的老师能否成功。

在威廉·戈尔丁刚开始写作的过程中，谁都在质疑，唯独他的妻子，安·布鲁克菲尔德不断告诉他，只要用心去写，就一定会成功！妻子的不断暗示给了他自信。

他全身心地投入到了自己的写作中，他越来越喜欢他笔下的角色——那个充满智慧的拉尔夫。威廉·戈尔丁写过的东西，安·布鲁克菲尔德总是抢着读，她会非常认真阅读并分析他的作品，总是能发现作品中的亮点。同时她会用红笔认真标出作品中的错别字或者是语法错误，她也会针对威廉·戈尔丁的思路提出自己的想法。威廉·戈尔丁为了作品开始熬夜，开始憔悴。妻子看在眼里疼在心上，只能加倍做好后勤工作。在一个个夜里，他披件外套在书房里写着，常常是写到第二天要去学校的时候，匆匆吃饭，然后开始一天的工作。

威廉·戈尔丁在撰写《蝇王》的时候，每天睡眠不超过6个小时甚至有时候只有两三个小时，这种极度透支身体对他的精力产生了很大的消极影响，但是他依然执著地坚持。有时候半夜，他的手会冻得冰凉甚至麻木，搓一搓接着写。那一年冬天，威廉·戈尔丁的手开始生冻疮，温度稍微有点升高，他的手就开始流脓，安·布鲁克菲尔德看着他的手，泪水溢出了眼睛。她决定在半夜的时候陪在他身边，给他端来热水泡脚，看着她坐在他身边，哪怕什么都不做，他也感到异常的温暖。

但是并不是所有人都懂他，也不是所有人都鼓励他写作。一方面由于长时间写作而缺乏足够的时间去备课，威廉·戈尔丁在课堂上会出现错误；另一方面由于经常熬夜而没有过多的精力花费心思去吸引学生的兴趣来学习英国文学这门课程。有了对比，学生对此时威廉·戈尔丁的教学风格不甚满意，甚至威廉·戈尔丁会在课堂上将"约翰"喊成"汤姆"，偶尔会出现一些低级的拼写错误。

因此有学生反映到他的父亲亚历克·戈尔丁那里，亚历克·戈尔丁起初很诧异，自己的儿子历来对待教学工作都是一丝不苟的。但是当他知道原因之后，还是严厉地批评了他，并且让他暂停一切写作活动，专心教学。他的父亲认为他是在浪费时间和精力，对于他的写作之事极为反感。

1948年1月4日，对于戈尔丁一家而言，那是一个严峻的家庭会议。此次会议主要是针对威廉·戈尔丁写作之事进行讨论。父亲强烈谴责了威廉·戈尔丁不好好工作，玩物丧志。作为一家之长，亚历克·戈尔丁是有威严的，因此无论是威廉·戈尔丁还是他的妻子都沉默不语。当最后亚历克·戈尔丁问儿子以后该如何做时，威廉·戈尔丁依然说"Dad，I will do!（爸爸，我将继续写作）"。

亚历克·戈尔丁多次对儿子进行劝说，但威廉·戈尔丁始终保持自己的立场——写作，甚至可以失去工作，但是不能放弃写作。亚历克·戈尔丁对儿子失望了，但是当儿子真的不按照自己给他设计的路子走时，他也不能真的眼睁睁看着儿子丢掉工作或者那么辛苦地写作。于是，他给儿子减少了几节课程，让他专心写作，毕竟他是自己的儿子。威廉·戈尔丁谢了父亲，更加坚信了写好文学作品的信念。

威廉·戈尔丁是一个执著的人，这种执著表现在对梦想的追求，在《蝇王》后来出版成功并受到读者欢迎的时候，他抱着妻子，像个孩子一样对着她傻笑。从他决定开始进行文学创作的时候，他的妻子——安·布鲁克菲尔德就一直在支持他。都说"每一个成功男人的背后，都有一个默默支持他的女人"，这句话在威廉·戈尔丁的身上如此恰当。

第七章 英国当代文学的典范——《蝇王》

1. 《蝇王》创作的时代背景

《蝇王》是威廉·戈尔丁的第一部作品，也是他的成名作，该作品的诞生具有特殊的时代背景——第二次世界大战。

1939年9月1日，由德国突袭波兰为导火线而引发了第二次世界大战（World War II，简称二战），以德国、意大利、日本法西斯轴心国(及芬兰、匈牙利、罗马尼亚等国) 为一方，以反法西斯同盟和全世界反法西斯力量为另一方进行的第二次全球规模的战争。威廉·戈尔丁作为一名军官参战。

此次战争从欧洲到亚洲，从大西洋到太平洋，先后有61个国家和地区、20亿以上的人口被卷入战争，作战区域面积2200万平方公里。据不完全统计，战争中军民共伤亡9000余万人，4万多亿美元付诸流水。

第二次世界大战最后以美国、苏联、中国、英国等反法西斯国家和世界人民战胜法西斯侵略者赢得世界和平与进步而告终。那是二战，谁都记得的二战，对于威廉·戈尔丁尤为如此，他至今仍清晰地记得，自己在去战场之前，他的小女儿才两个月，他刚刚喜欢上那平淡如水的生活。最终，威廉·戈尔丁在无奈之下，为了所谓的保家卫国参加了二战。

这是威廉·戈尔丁创作《蝇王》的时代背景。威廉·戈尔丁写《蝇王》这本小说主要的灵感是源于二战。二战中，威廉·戈尔丁作为一名中尉军官参加了二战，在他参加的各种海战以及诺曼底登陆中，他亲眼目睹了战争的残酷以及战争对人性的种种迫害与藐视。他之前内心所向往的那种美好的生活被战争给打破了。因此他需要一个出口来发泄，他的内心充斥着人性的畸变，然而自己却无法改变，对于这种畸变无能为力。

威廉·戈尔丁陷入了关于人性的思考中，恶魔似的战争在战争结束后依然摧残着他，然而他又为自己无法找到破解这一巨大难题的出路而颓废不已，找不到缓和点，只能在自己的脑海里想象着一个又一个故事，只能通过作品的故事以及人物来表达自己内心的惶恐。于是，威廉·戈尔丁开始了《蝇王》的撰写。

威廉·戈尔丁在作品中幻想未来战争，他的小说之所以以儿童为主人公，这主要受益于他的女儿朱迪。起初威廉·戈尔丁想以自己为蓝本创作主人公，他描写了一群原本如他一样本分工作、有家有室的男主人公们，他们在战争中经历了痛苦、思念、死亡。在战场上，他们由原来的恐惧、愤懑、害怕变得麻木。然而战争结束后，这些参加过战争的人都无法正常生活，因为他们都患上了战争后遗症。威廉·戈尔丁原本是想就这条主线进行写作。

就在威廉·戈尔丁不断构思、定下思路的时候，朱迪对他说，"爸爸，你为什么不写神话故事呢？故事曲折、趣味性强，无论大人孩子都爱看的呀，可是你写成和你一样的中年人，真的会有人喜欢读吗？"就是朱迪的一句话改变了威廉·戈尔丁的主意。是的，他在构思的过程中一直强调的是内容，却不曾考虑过这种形式是否会受到读者的欢迎。经过慎重思考，他决定在未来战争的大背景下，写一群孩子之间的合作与矛盾。当他把这个想法讲给朱迪听的时候，朱迪不断点头："Year，wonderful！（恩，好极了！）"

威廉·戈尔丁自己也没有想到，因为小女儿这个建议，他的这部书在以后会轰动一世。

"这本书非常有趣，非常刺激。读这本书，会使人心情愉快，获益匪浅，又无须劳心费神，也不要求读者有什么专门知识或过人的聪明。"1983年，拉尔斯·吉伦斯坦评论威廉·戈尔丁的《蝇王》时如是说。是的，细读《蝇王》，读者总是能够被曲折的故事情节给吸引，又被人性的善良而感动。威廉·戈尔丁在写《蝇王》这本小说的时候，有一定的时代背景，这就是二战。可以说，二战赋予了威廉·戈尔丁丰富而且痛苦的经历和体验，这些苦难的岁月让他成熟、思考。

在威廉·戈尔丁的观念世界中，有一个巨大的宗教领域，虽然那很少是原来意义上的基督教，但他相信一种"堕落"说，也许有人会说他是以"堕落"的神话在进行创作。因此对基督教的信仰也是威廉·戈尔丁创作《蝇王》的一个重要背景。

在他写作之初，进取的智慧、追求权力的渴望、自以为是以及傲慢的个人主义，这些都是在战争中的邪恶和暴力（既有个人的暴力也有社会的暴力）的根源。这些根源促使人们为了自己的私利不择手段。但是这些品质和动机又是人天性中固有的，在人的内心中作为一种创造的本能而存在。因此，它们是人性不可分割的一部分。当人进行完全的自我表现并且构成他的社会和个人的命运时，这些品质和动机就会被人们感觉到。

另外，《蝇王》的诞生与安·布鲁克菲尔德的鼓励支持有很大的关系。许多人质疑甚至嘲笑威廉·戈尔丁进行文学创作的时候，一直是他的妻子鼓励他坚持写作。尤其是在写《蝇王》的过程中，她给他提到了很多建设性建议。比如，拉尔夫这个人物的塑造，起初威廉·戈尔丁是想将他塑造成一个完全正面的人物，是在妻子的建议下，构造出一个复杂、矛盾的拉尔夫。

1954年，《蝇王》在经历百般坎坷后成功出版，获得巨大的声誉。这个普通的中学教师在一片欢呼声中走进了公众的视野。

2. 《蝇王》的主要内容

小说讲述的故事发生在遥远的未来时代。在一次核战争中，一架飞机带着一群男孩从英国本土飞向南方疏散。飞机因遭到袭击而迫降在太平洋的一座荒无人烟的珊瑚小岛上。这群孩子暂时脱离了文明世界。飞机没有了，大人没有了，人类千辛万苦建立起来的文明世界危在旦夕。海岛上的环境很恶劣，对侥幸生存下来的孩子们构成威胁。威廉·戈尔丁重点描述了这群孩子如何生存、正义和邪恶之间如何斗争。然而，岛上的男孩们自相残杀，整个小岛陷于恐怖之中。这群男孩最终彻底毁灭了这里的一切，整个海岛在熊熊大火中燃烧起来。紧急关头，一艘英国军舰发现了岛上的大火，及时赶来，拉尔夫有幸被救。

这部小说的主角是拉尔夫和杰克：勇敢的拉尔夫象征着正义、善良；杰克则代表着邪恶。拉尔夫手持的海螺成为民主的象征物。但是，拉尔夫的内心同样有着阴影和黑暗，在一个狂风暴雨、万籁俱寂的夜晚，他也情不自禁地参与了对自己好友西蒙的迫害，而且他并没有像先前那般可以掌控局势，并没有带领着朋友走向光明。相反，拉尔夫眼睁睁地看着猪崽仔被杀，自己也被追得无处可逃，差一点死于非命。

在拉尔夫逃亡的过程中，一直都象征着科学的眼镜和象征着民主的海螺在争夺中被摔得粉碎。文明就这样被野蛮轻易地征服，理性就这样被愚昧压倒，同时象征着建立在社会理性基础上的民主在专制和暴力面前显得是那么的疲弱无力。威廉·戈尔丁在写作的过程中，一直都是以社会人甚至政治学者的身份来探讨人性恶这一主题。

在文中，杰克有一个面具，面具象征着虚伪。不仅杰克有，每一个人都存在着自己的面具。人一旦戴上了面具，就有了狂欢的欲望，兽性就可以尽情地宣泄，而事实上掩盖恶的又绝非仅仅只是面具，更可怕的还是善的借口和理由，这种"面具之恶"对人类更具有威胁性。

"这头颅盯住拉尔夫的架势就像一个知道一切答案却不肯说出来的人。恐惧与愤懑涌上他的心头。他猛然向面前这具肮脏的东西打过去，这东西像玩具一样地摆过去，又摆了回来，仍然对准他的脸微笑，以致他突然一击并且恶心地喊叫，然后他舔着青肿了的手指关节，瞧着光秃秃的木棍。这时头颅已碎成两半落在地上，那微笑的猪嘴离他有6英尺。他从石缝里拔出晃悠悠的木棍，在白色的猪头和他自己之间，举着木棍当做标枪，然后面对着此刻正在地上仰天微笑的骷髅骨一步步后退。

余晖从地平线上消失，黑夜完全降临时，拉尔夫又来到堡垒岩前面那片灌木丛。他在树丛中窥视，看到山顶仍然有人把守，反正不管是谁在上面，都有一根标枪严阵以待。他跪在阴影之中，辛酸地体验孤独的滋味。他们的确是野人，但是他们也是人。深夜所埋藏的恐惧向他袭来。"

"这是因为我有些头脑。"

威廉·戈尔丁用自然锋利的语言描述了一个孩童世界的纯真和复杂。孩子们内心的恶的一面在缺乏制约的环境里迅速膨胀，他们成群结队地捕杀野猪，甚至还用人扮作"野兽"玩打猎游戏。"宰了他！宰了他！"连拉尔夫也忍不住去"拧一把此刻没有防卫能力的褐色的肉，紧拧和加以伤害的欲望主宰了一切"，一群本是纯真的孩子，一群面对屠杀、面对血腥应该害怕的孩子，他们却没有表现出孩子柔弱的一面，反而对屠杀充满了期待、充满了热情。

　　此时，孩子们内心深处的恶被激发了出来，他们最底层、最兽性的"暗影"通过这仪式宣泄出来。"猎物"满足了他们的嗜血欲望，他们俨然都成了"野蛮人"。此后，这群孩子就再也不去考虑能否得救了，他们把所有的精力都投入到打猎中，热衷于"杀野猪、割喉咙、放它的血"。

　　威廉·戈尔丁从结束战争回到家乡后，原本向上的思想都被悲观所笼罩，深深的悲剧意识在他的作品中有很深的表现。人性本善抑或人性本恶并非是威廉·戈尔丁所注目的焦点，对这种战争的恶性循环、对岌岌可危的现代文明状况的关注，才是威廉·戈尔丁的用心所在，才是作者或毋宁说是作品所表现出的对人类目前状况的深刻担忧。

　　或许，这场已经发生在太平洋孤岛上的儿童与儿童、文明与野蛮之间的战争，恰恰是人类历史的演绎，现在在演绎着，并且未来一直都会继续演绎下去。

　　而这就是威廉·戈尔丁的智慧。

3. 《蝇王》的写作特点

威廉·戈尔丁在进行《蝇王》撰写过程中，主要是通过讲述故事来表达自己内心的挣扎，这种挣扎主要是由于参加战争带来的失落、悲痛，但是其内心深处又有着生来具有的正义，这就导致了矛盾。为了更好地表达这种矛盾，威廉·戈尔丁在讲述故事、吸引读者的同时利用大量的象征手法，来表达自己的立场。

这本小说的主人公拉尔夫是社会理性的象征。他是书中的主角，勇敢坚强而又有号召和领导的才干，同时他又颇具民主精神，他手持的海螺象征着民主的旗帜，他始终都保持着理性，若是在现实的生活中，拉尔夫扮演的就是民主政治家的角色。但是，他的内心同样也有着阴影和黑暗，这些都象征着建立在社会理性基础上的民主是多么的脆弱无力。

小说中的猪崽仔则是科学理性的象征。就其社会身份来说，他事实上是属于科技知识分一类的，猪崽仔有着很强的科学理性精神。同时他与拉尔夫关系是极为密切的，事实上两个人始终是抱在一起的，拉尔夫开始总觉得想不清，主要的思想和主意都是来源他的出谋划策，且猪崽仔始终都能坚持科学和民主。

猪崽仔是这部小说中唯一一个向往着成人世界的孩子。在孤岛上，每遇到困难时，他总想着要是有成人那就好了。而事实上成人的世界却更不太平，而且恰恰是因为具有理性的成人之间的互相残杀，才使得他们流落到孤岛上，从而在未成年人之间也演绎了一场人类血腥发展的故事，来展示人性的丑恶。这就是威廉·戈尔丁在撰写这部作品的高明之处，他并没有动多少笔墨来写成人世界多么黑暗，单是这件事就足以让我们感悟到成人世界的邪恶。

猪崽仔随身佩戴的眼镜代表着科技，正是有了眼镜才有了火，而火又无疑在人类历史进程中有着不可估量的作用，但荒谬的是因为有了火他们可以向远方发出求救的信号，却也同时导致了他们之间的分裂，火成了他们争夺的焦点，这似乎也暗示了科技在促进人类发展的同时又在阻碍人类的前进。猪崽仔最后是抱着海螺死的，他至死都坚信民主的力量是强大的，这无疑又在讽喻人类社会。象征的写作手法用得恰到好处。

在一系列正义的象征之外，威廉·戈尔丁还用主人公杰克象征着人的兽性。杰克是教会唱诗班的领队，威廉·戈尔丁看似对这个描写仅仅是无意之笔，但细细考虑，邪恶的一个人仍然可以做唱诗班的领队，这对基督教是一个讽刺，暗示了基督教的原罪说。他始终都在争夺领导权，但得不到信任，因为他明显不具有理性精神，他只凭本能非理性一味地要打猎，而不考虑是否要寻求得救，最终在所谓野兽的威胁下，他掠夺了领导权，实行了专制统治。

威廉·戈尔丁在《蝇王》中表达人性本恶的思想有很多的保留。比如西蒙虽然没有成功地解救荒岛上的儿童，但他却一直在尽力，并且他的启示却旨在拯救现实中的人类。只要人类不忘记西蒙的启示，他们便可能避免在热核战争中相互残杀、彻底毁灭的可悲命运。西蒙的功能在于他时刻提醒人类：你们头上悬着一柄达摩克利斯之剑。正如西蒙不但没有沦为野蛮人，反而被描写成理想的人一样，虽拉尔夫表现了邪恶的冲动，但也远没有堕落成像杰克那样的极恶的人。这说明威廉·戈尔丁对于现实生活中的人类还是有信心的。

《蝇王》是一部具有浓厚神话色彩的小说。威廉·戈尔丁在小说中描述了世外桃源一般的海岛，海岛很美，完全是童话似的背景。然而美丽的背景并不代表着这就是神话。威廉·戈尔丁就在他描述的如诗如画的海岛上再次展现了人类发展的一个侧面，一个最真实和丑恶的侧面。这侧面与大人世界的那场核战争遥相呼应。因为叙事风格具有神话色彩，吸引了大量读者的眼球，他们看完后会思考——人类缺失的到底是什么？

在这部作品中，戈尔丁用他特有的沉思与冷静挖掘着人类千百年来从未停止过的互相残杀的根源。从一定程度上来看，《蝇王》是一部揭示人性恶的现代版寓言。故事设置了人的原善与原恶、人性与兽性、理性与非理性、文明与野蛮等一系列矛盾冲突，冲突的结果令人信服地展现出文明、理性的脆弱性和追求民主法治秩序的难度，说明了人类走向专制容易，奔向民主社会难的道理。在欲望和野蛮面前，人类文明为何如此脆弱？这正是《蝇王》带给我们的反思和教诲。

威廉·戈尔丁在《蝇王》这部作品中向我们展示的只是当今人类社会可能会发生浩劫的一个缩影，至于导致灾难的原因，他将其归结为人性恶，正是人性恶导致了人与人之间的争执，最终导致了人类自身的不幸。"野兽"即是人性恶的象征。正是由于人们总是不能正视自身的恶，于是悲剧才一次又一次地发生。

威廉·戈尔丁的这部小说以人们印象中"天真无邪"的孩子为主角，从文学角度来说能更深刻地揭示出人性中最不容易被发现的一面。男孩们在社会生活中曾经被父母培养而成的现代民主意识，在这个小岛上短短的时间里经历了一个迅速衰落的过程，其根源就在于人性的堕落，就在于理性判断和道德良知的分崩离析。

威廉·戈尔丁的《蝇王》中的象征意义浅显明了，讲述的故事和道理深入浅出。这更有利于现实生活中人们对于自身的原恶的认识，这种原恶是普遍存在于一切人身上的人性的原恶，是任何人从生到死都必须与之战斗的不可轻视的敌人。这就是《蝇王》带给我们的最大的启示。

同时，威廉·戈尔丁在《蝇王》中也多次运用讽刺的写作手法。他在大学时期主修英国文学，在英国文学当代的很多作家中，他们的作品大多数是通过讽刺来表达自己的思想，这对威廉·戈尔丁影响很大。威廉·戈尔丁的讽刺主要产生于对现实荒诞性的揭示。书中的主人公为了正义或辨明真情而奔走，但经常是陷入一种令人啼笑皆非的困境，而且越是挣扎，就越陷得深，甚至最后送命了事。

威廉·戈尔丁的讽刺写法又不单单是讽刺，而是将这种讽刺和苦涩的幽默紧密地结合在一起。如《蝇王》的结尾，虽然拉尔夫和小伙伴们得救了，但他回想起这几天的恐怖生活，禁不住号啕大哭，他们痛哭童心泯灭，他们痛哭人性凶残，而他们身后原子大战仍在继续，这就是一种对战争的讽刺，对人性邪恶的一种讽刺。

威廉·戈尔丁语言描写比较形象、生动，这与他自身的文学功底有关。比如拉尔夫在遇到野人的时候，威廉·戈尔丁如此描述——"狂叫，这是恐惧、愤怒、绝望地狂叫。他伸直腿，不停地狂叫。他向前蹿，冲出灌木丛，跑到空地上，狂叫，咆哮，满身血迹。他挥动木棍，野人翻倒在地；但是别的野人们正朝他跑过来，呜呜喊叫。一根标枪飞了过来，他猛地拐到一边，默不作声地飞奔而去。在他面前闪耀着的火光马上混成一片，林中隆隆声像雷鸣般作响，就在他奔跑的小道上，一棵高大的灌木突然爆发出一大片扇形的火焰。"短短的几句话将拉尔夫恐惧而无可奈何的心理表现得淋漓尽致。

威廉·戈尔丁通过富有独创性的写作手法创作了《蝇王》，可以说既是特定历史时期的产物，也是个人才华的显露。他以独特的艺术形式在《蝇王》中表现了现代世界人们所体验的灾难感、陌生感、恐惧感，深受读者喜欢。

4. 《蝇王》的主要思想

威廉·戈尔丁在《蝇王》中竭力表达出的人性中的邪恶和残酷是这部小说的主要思想。同时，该小说出版后，也引发了读者对人性的思考。

他通过小说而表现的恐惧感以及对人类命运的忧虑心理在很大程度上深深地感染了读者、唤醒了现实中的人类。他通过儿童之间的战争，阐述了人类社会丑恶的根源，并大力倡导要唤醒正义的人们来维护人类社会和平，消除战争威胁。威廉·戈尔丁在描写孩子们进行各种充满智慧求生活动的同时，字里行间也暗示着一场潜在的危机。

威廉·戈尔丁在开始描述文明社会的表面现象之时，就为后面的野蛮和邪恶埋下了伏笔，以杰克为首的一帮孩子，威廉·戈尔丁在描写他们出场的时候——他们全身黑袍风风火火地走出来，并且他们始终对拉尔夫的议会民主不以为然。杰克主张要结束当前挨饿的生活，以狩猎为生解决温饱问题，并倡导要以美好的生活方式来适应岛上的艰苦条件。最终，孩子们在绝望、饥饿和恐惧的驱使下，摈弃了拉尔夫的文明治理，而屈从于杰克的野蛮统治。

在杰克的野蛮统治下，岛上的这群孩子涂了花脸，跳着原始的舞蹈，甚至在祭典的狂潮中杀害了自己的同伴西蒙，随后比奇又在争吵中也被蓄意杀害。最后岛上火光冲天，拉尔夫也被追杀得无处藏身，只好闭目等死了。威廉·戈尔丁在写作过程中揭示了一旦离开了文明的约束，孩子们暴露出来的恰恰是人心的黑暗。他们自相残杀，相互间为了争夺利益不惜一切手段，甚至不达目的誓不罢休，最终将一座好端端的小岛葬送在火海之中。

"他蹲到高高的草丛里，想起山姆给他的肉，便开始贪婪地撕开来大嚼一通。正在吃的时候，他听到刚发出的声音——山姆和艾力克喊痛的声音，惊慌失措的喊叫，怒气冲冲的嗓音。这是什么意思？除他自己之外，有人也碰上倒霉的事了，因为孪生兄弟两个当中至少有一个在挨揍。接着声音渐渐消失在大岩石下面，于是他就不去考虑他们了。他用双手摸索着，找到清凉细嫩的蕨叶，就长在灌木丛的前面。那么这里就是今夜的藏身之处了。这样，天一亮他就能爬进灌木丛，挤到扭曲的枝干之间，把自己隐蔽得深深的，以致只有像他自己一样的钻爬能手才能进得来，而那个钻爬能手是要被戳上一棍的。"这是威廉·戈尔丁在描述拉尔夫时候的语言，字里行间淋漓尽致地表现了拉尔夫为了自己的利益不顾山姆和艾力这两个孪生兄弟的自私心理。

威廉·戈尔丁在《蝇王》中表达的人性恶的观点，虽然会给读者带来一些对人生的悲观和前途的忧虑，但是在阅读整部小说的过程中却不会感受到这种悲观咒世厌生的消极观点。他在描述黑暗和邪恶的同时，并没有把世界描绘成一幅暗无天日的景象，而是依然展现了生活中的美好。威廉·戈尔丁想在人本身的缺陷之中，搜寻产生该社会制度问题的根源，继而解决这些问题。威廉·戈尔丁对黑暗的社会现实深感不满，但把这些弊端都归于解决不了问题的抽象的人性恶。他认为人性恶是可以认识、改变的，可以通过教育等文明手段加以抑制的。

在威廉·戈尔丁的眼中，不同人的邪恶程度不同，并且他相信原恶。这种邪恶主要表现在邪恶的潜意识，包括他自己在内的任何人在这个层次上都具有以邻为壑、损人利己的倾向。威廉·戈尔丁在作品中向读者灌输了在社会生活中只要人们缺乏外部的压力，这种潜在的可能性就会变成显在的可能性，从而产生真实的恶意识，乃至恶行为。原恶从理论上讲主要表现为有意识的恶，以及表现为行为的恶，如诈骗、强奸、盗窃、抢劫、杀人等各种犯罪行为。

《蝇王》这部小说自身就是对人性恶的最好的诠释。拉尔夫身处邪恶的环境，他逐渐认识到，人类内心的恶在威胁和吞噬着人性，自己和同伴陷入了进退维谷的境地。杰克和他领导的那帮孩子不断作恶，形同走兽，但最终却是这伙走兽摧垮并吞噬了每一个人，使孩子们丧失人性，与之为伍。在拉尔夫被救之后，有一段拉尔夫与军官的对话以及神态描写——"没有人被杀害吧？有尸体吗？""只有两个。尸体都没有啦。"军官俯下身子，两眼盯住拉尔夫。"两个？给杀掉啦？"拉尔夫又点点头。在他身后整个岛在熊熊燃烧。这位军官照理知道什么时候人们是在说真话的，他轻轻地吹了一声口哨——此时的拉尔夫已经丧失了人性。

人类内心中的原始冲动和邪恶在冠冕堂皇的幌子下无限制地蔓延，并且在逐渐的发展中得到越来越多的人的认可，而它留给人们的就只有恐惧、敌意和仇视，生活于是演变成为一场无法无天的权力之争。这就从开始表现的人的生物性层次的恶过渡到了社会性层次的恶。

另外，威廉·戈尔丁在《蝇王》中表达的人性恶观点的同时，也表达了对社会黑暗现状的一种不满。作为读者，我们从《蝇王》中首先看到的是社会的黑暗，这种社会的黑暗主要是指当时西方合理的政府和虚伪的资本主义制度。这里威廉·戈尔丁表现的是对一个社会背景的不满，之所以这般与他的经历有关。威廉·戈尔丁生活在20世纪中叶，他亲身经历了资本主义经济危机给人们带来的痛苦，亲眼目睹了动荡不安的社会现实和人们的遭遇。

二战后，威廉·戈尔丁受西方哲学影响比较大。他认为所有的人生来有罪，要用一生来忏悔、赎罪，只有笃信上帝，才能获得灵魂的拯救，即原罪说。因此在《蝇王》中，他依然努力来消除这种罪恶。虽然小海岛上发生的恶性事件，西蒙的被害，但是这些孩子依然会忏悔，这就是威廉·戈尔丁想要表达的终极思想——如何改善当前现实生活中人类的邪恶。

5. 《蝇王》出版前被拒21次

1954年，《蝇王》在历尽百般艰难之后终于出版。出版伊始，《蝇王》就充分展示了巨大的魅力，受到读者的欢迎。英国小说家、批评家福斯特(E.M.Forster)把《蝇王》评为当年最佳小说；英国批评家泼列却特(V.S.Pritchett)称威廉·戈尔丁为"我们近年作家中最有想象力，最有独创性者之一"。尤其到了60年代，《蝇王》一跃成为大学校园里的畅销书，在英、美学生中广泛流传，并曾搬上银幕。现在，《蝇王》已被列为"英国当代文学的典范"，成为英美大中学校文学课的必读书。

人们都在关注《蝇王》出版后的光辉，却很少有人知道威廉·戈尔丁为了这本小说的出版所承受的苦痛。在《蝇王》正式出版前，威廉·戈尔丁以及他的《蝇王》已经被不同出版商拒绝了21次，而这种经历曾让他质疑自己的能力、作品。还好的是，最终《蝇王》出版了。

威廉·戈尔丁是在1949年3月完成《蝇王》初稿的。在完成初稿后，他不断反复修改，并于1950年2月定稿。威廉·戈尔丁开始为自己的作品找出版商，希望有出版社可以出版这本小说。他第一次投给了当地的一家出版社，并满怀信心地等待着出版社的回复。在等待回信的日子，他彻夜难眠，总是梦见自己的稿子被出版了或者被否定了的情形。可是半个月过去了，杂志社依然没有回复，他又写了一封信询问情况，不久，威廉·戈尔丁收到了回信，在他拆开信封的时候。手都在颤抖，他那么紧张。怎料对方说，书稿不小心当做废纸卖掉了，希望他可以再邮寄一份。威廉·戈尔丁愤怒了，他握紧了拳头。这部小说是他辛辛苦苦、一个字一个字写出来的，就让他们给丢了？对于这样不尊重自己书稿的出版商，威廉·戈尔丁选择了放弃。

第二次，他是亲自将书稿送到出版社，这是当地一家比较有名的出版社。两个星期后，出版社回复威廉·戈尔丁：没有时代意义，没有发表价值。威廉·戈尔丁反复看着这短短的几句话，悲从心来。辛辛苦苦写出来的东西，不被认可，那就是相当于浪费。他有些失落。倒是安·布鲁克菲尔德在不断安慰他：坚持总会有收获的，我们不过投了一家，可能《蝇王》不符合他们的风格呢？但是不符合他们的风格并不代表不符合别家出版社的风格。

威廉·戈尔丁看着自己的妻子，她的目光坚定而执著，受到妻子的感染，他感觉虽然被拒绝了，但是没有大不了，还有其他的出版社。威廉·戈尔丁开始投向第3家出版社，出版社给他回复中写道——换掉"西蒙"这个实在太容易令人想起耶稣的角色。看到出版社的回复，且提出的意见，威廉·戈尔丁欣喜若狂。然而，当他细读出版社的意见时，他犹豫了，西蒙是自己精心构思的一个角色，通过西蒙表达的思想很多，传递的信息也很多，自己能换掉西蒙吗？要是换，换成什么样的呢？威廉·戈尔丁认真思考了半个月，决定拒绝更换西蒙这个角色，在他看来，拉尔夫和西蒙都是这部小说的灵魂，怎么能换呢？

第4次，威廉·戈尔丁开始转换思路，他向《泰晤士报》投稿，向编辑表达了发表连载的意愿。同样，因为"手稿表达思想低落、悲观"而被拒。威廉·戈尔丁的情绪再次失落，这种等待杂志社或者出版社的结果比他写小说更让他煎熬。然而他还是打起精神开始了第5次投稿，出版社以小说低落、不符合当今社会发展为由拒绝。在威廉·戈尔丁被拒绝到15次的时候，他要崩溃了，他甚至怀疑是不是自己的作品真的有问题，而且这些出版社都是以他的小说不符合社会发展这个理由拒绝，难不成他们都是串通好了的吗？

威廉·戈尔丁开始放弃寻找杂志社的机会，他想将自己的手稿卖给著名的收藏家杰寇斯基，然而这个白胡子的老男人在看完他的书稿之后，不屑地笑了，出价100万英镑。威廉·戈尔丁笑了，难道浸透了自己心血的《蝇王》只值100万英镑？如果说遭受过一次或者几次拒稿的威廉·戈尔丁对自己的作品依然充满信心的话，那么现在第16次依然不被人看好，他开始怀疑自己的作品是否真的如自己想象般的优秀。他很不解，并且开始放弃了。

　　但是他的妻子没有放弃，依然为他向各个出版社投稿。第19次，有出版社回复："建议放弃描写原子弹方面的文字。"安·布鲁克菲尔德欣喜若狂地跑到书房，拿着出版社的信笺给威廉·戈尔丁看，但是他已经失望了，即使看到信笺，激情也不是很大，只是淡淡地摇摇头，并没有打算要放弃描写原子弹方面的内容或者代替这方面的内容。妻子有些心酸，自己丈夫辛辛苦苦写出的东西，不被认可，这是很遗憾的事情。但是看着丈夫冒着不被出版的风险也不更换一些内容，她看到了他的魅力。

　　所以，她一直不曾想过放弃，安·布鲁克菲尔德是执著的，她并没有因为丈夫情绪低落而放弃投稿，相反，越是这样，她越要打起精神来，不能被失败吓倒。今天我们站在读者的角度来看，真是多亏了安·布鲁克菲尔德的坚持，要不，威廉·戈尔丁的《蝇王》也许早已消失得无影无踪，而威廉·戈尔丁也肯定会无缘诺贝尔文学奖。

　　终于，第22次的时候，出版社终于邀请威廉·戈尔丁去洽谈出版事宜。当安·布鲁克菲尔德一脸喜色地告诉他时，他有些不相信。可是当他看着妻子给他出版社的信件之后，泪流满面，而后，紧紧地抱住了妻子，两人相拥而泣。没有那种经历的人无法感受威廉·戈尔丁和他妻子的那种激动。被拒21次，他们没有放弃，在他们感觉再次往杂志社投稿已经麻木、他们已经有足够的心理承受能力来接受拒绝的时候，他们成功了！

　　1954年，《蝇王》顺利出版。出版后，受到读者的欢迎，威廉·戈尔丁这个名字家喻户晓，他笔下的拉尔夫和杰克深深震撼了读者。《蝇王》不仅为威廉·戈尔丁带来了名利，而且为他后来的写作发展奠定了基础。

第八章　灵感再现

1. 《继承者》

1954年，威廉·戈尔丁的《蝇王》给他带来了名利，英国各大媒体都在议论这个新锐作家——威廉·戈尔丁，有报纸和他约稿。与之前一直被拒绝的情况相比，出版带来的成功让他和妻子欢喜。短暂的喜悦之后，威廉·戈尔丁开始构思另一部长篇小说——《继承者》。

威廉·戈尔丁在构思《继承者》的时候，恰逢小女儿上中学，他终于体会到了当年自己的父母送他上学时候的感受，担心、挂念、不舍，什么都想替她做好。这种回忆让威廉·戈尔丁突发灵感，他要写一部关于史前的小说。灵感的光临只是一瞬间的事情，就是这一瞬间诞生了另一篇著名的文学作品。

后来有一次看到报纸上写到，1945年8月6日和8月9日美国投放两枚原子弹分别落在了日本的广岛和长崎，那是人类首次遭遇核武器的袭击。9年之后，被投放原子弹地区的女人生出的孩子都是畸形，当地居民寿命减少，原子弹在9年之后爆发了它潜在的威力，这威胁了日本人的身体健康。威廉·戈尔丁看到报纸，感到悲哀，若是没有核武器、原子弹，也许日本居民还不至于如此。于是一个创意油然而生。他想对人类文明的发展进步进行反思、质疑。

威廉·戈尔丁的这种构思决定了《继承者》的风格迥然不同于《蝇王》，《蝇王》是对未来战争的预想，而《继承者》则是选择遥远的史前时代。威廉·戈尔丁一直都是感激妻子的，要是没有她一直坚持着投稿，他至今依然是一个不如意的中学教师，因此威廉·戈尔丁在进行文学创作时，总是及时和妻子沟通。安·布鲁克菲尔德一直都支持他的想法，虽然她并没有听懂他的意思，但是当她看着丈夫喜形于色表达他的意图时，她知道他需要灵感。

威廉·戈尔丁在撰写这部小说的过程中，明显感到了精力不足，由于《蝇王》已经产生了一定的影响，因此很多媒体开始采访他。他开始有些浮躁，很长一段时间，他会把自己关在书房里，沉思着，一坐就是半天。他拿起笔试图接着写《继承者》，总是感觉心不在焉。安·布鲁克菲尔德发现了威廉·戈尔丁的异常，把书房的笔和纸都收了起来，说要是想拿，就要用心拿。威廉·戈尔丁明白了妻子的用心，拿出了笔和纸，开始认真书写。威廉·戈尔丁的女儿说，你的母亲安·布鲁克菲尔德是一个聪慧的女人，真是如此。

威廉·戈尔丁在创作《继承者》时，安·布鲁克菲尔德不但给了他精神的鼓励和支持，在物质上也给了他极大的鼓励。他在撰写该小说时，需要大量的参考文献。关于史前人类的生活状态相关资料都是妻子查阅的，为此她做了3本笔记。可以说，威廉·戈尔丁之所以可以在半年内创作出《继承者》，与妻子的帮助有着密切的关系。

《继承者》中描述的故事发生在遥远的史前时代，一群尼安德特尔人部落的成员在族长迈尔的引领下，从海滨洞穴迁居到山野里艰难而简单地生存。小说主要描写的部落成员有老妇人、哈·尼尔、发·洛克、利库和幼儿欧阿，经过几次直接或间接地与来到山中的"新人"的接触之后，到故事末尾，除了欧阿被"新人"当做宠物养而活下来外，其他部落成员全部死于与"新人"的冲突之中。经过一系列的冲突，故事对人类祖先尼安德特尔人和人类智人"新人"进行了对比，威廉·戈尔丁对文明继承的内涵作了文学反思，质疑了现代人类理性和文明道德的进步。

小说中的尼安德特尔人智力低下，他们猎取食物的方法和工具非常原始、落后，在他们的生活中我们看不出一点儿科学或者现代人的痕迹。主人公洛克在生活中总是会发现很多问题但是没有人可以回答他的问题。尼安德特尔人没有时间概念，他们看不懂日出日落的规律，一直都生活在不连贯的"图画"思维中，"今天就像是昨天和明天"，时间仅是白天和黑夜构成的图画。

他们没有抽象的思考和总结，只有对实物和事件的零散记忆；人和物的概念不清，对土地、动物和人的称呼都是"他"或"她"而不是"它"；对生命没有区别认识，部落成员捕猎后会对猎物检讨，为自己伤害生命的行为喃喃解释一番；族长迈尔死后尸骸不被移走而是被掩埋在他们所居住的山洞"阿"的腹中，即山洞里；失去同伴后大家只有同一种不会言表的感觉，更不会采取任何行动；对入侵者毫无戒备，反而对之热情示好。根据这些特点可以判断，尼安德特尔人显然有些弱智愚笨，生活原始落后。

与尼安德特尔人不同，初到山里的"新人"则显得心智发达，行为复杂，总让尼安德特尔人不解。"新人"可以制造尼安德特尔人不能明白的弓箭，他们用弓箭来射杀动物，获取皮毛，蔽体驱寒，同时以此作为自己地位的象征。当哈·尼尔发现"新人"而跑去表示友好时，"新人"却埋伏起来设计把他推下瀑布；"新人"劫持了利库和婴儿，借此引诱尼安德特尔族员到营地以图杀害他们。

与"新人"男女间的荒淫、饮酒时的狂乱、复杂的祭祀活动和他们在"他者"概念驱使下产生的恐惧和敌对心理以及他们对他人的残暴凶蛮相比，尼安德特尔人的愚钝、单纯和对万物的包容越来越显得弥足珍贵并成为了其善良的标记。而"新人"在与自然、与内部成员的冲突及对"他者"的敌对排斥中显现出来的智慧、机警和谋略却显现出了他们的冷酷残暴和阴险邪恶。尼安德特尔人的善良与"新人"的残暴野蛮形成了鲜明的对比,尼安德特尔人的存在是对"新人"的讽刺和鞭挞。

1954年,《继承者》出版,受到读者的喜爱。同时,威廉·戈尔丁以《蝇王》和《继承者》这两部成功的作品加入了英国皇家文学会,成为皇家文学会的一名成员,这意味着他今后的文学之路会越走越宽广。

2. 《自由堕落》

1956年8月,威廉·戈尔丁创作了《品契·马丁》,该小说产生的影响并不是很大,这可能与威廉·戈尔丁的多产有关。于是在出版《品契·马丁》后,威廉·戈尔丁决定休息一下,好好调整自己的状态。他认真教书、阅读,不断与妻子进行沟通,那时候,安·布鲁克菲尔德在威廉·戈尔丁的心中有着不可替代的作用,她是他的依赖,想着曾经历过的战争,威廉·戈尔丁认为那是一段不可思议的岁月。

1958年,同样为了寻找灵感,他利用放假的时间,带着安·布鲁克菲尔德四处旅游。

他们去瑞士莱蒙湖畔,欣赏拉沃的梯田式葡萄园,脚下是波光粼粼的莱蒙湖,对岸是连绵起伏的阿尔卑斯山。充足的阳光和湖边湿润的气候使这里成为瑞士著名的葡萄酒产地,阳光、酒香让威廉·戈尔丁仿佛回到了年轻的时候,他们紧紧握着彼此的手,仿佛就这样相握一生。他终于搞懂了瑞士国旗的含义,瑞士国旗上的白色象征和平、公正和光明,红色象征着人民的胜利、幸福和热情;国旗的整组图案象征国家的统一。这面国旗在1889年曾作过修改,把原来的红底白十字横长方形改为正方形,象征国家在外交上采取的公正和中立的政策。

他们一起来到法国的枫丹白露宫。这座由路易六世下令始建于1137年富丽堂皇的行宫让他们乐此不疲。他们逛着一座主塔、6座王宫、5个不等边形院落、4座花园,欣赏着这种被称为枫丹白露的风格。他们也参观了宫内的主要景点有舞厅、会议厅、狄安娜壁画长廊、瓷器廊、王后沙龙、国王卫队厅、王后卧室和教皇卧室、国王办公室、弗郎索瓦一世长廊等等。这些富有意大利韵味的建筑,让他们流连忘返。

他们一起到爱尔兰,这个西临大西洋东靠爱尔兰海、与英国隔海相望的岛国让他们的心异常宁静。他们四处游玩,欣赏着大型舞剧《大河之舞》,该舞剧融合了爱尔兰舞、踢踏舞、俄罗斯民间舞蹈和西班牙的弗拉明戈等多种舞蹈形式,让威廉·戈尔丁和妻子都感到了激情澎湃。

就在他们彻底融入山水之中的时候,威廉·戈尔丁接到了通知,老师告诉他,他的女儿朱迪在大学里出了意外。他们火速赶到朱迪的学校,看到朱迪一脸疲惫的样子。朱迪在学校例常的体检中被检查出怀孕了。可能大学少女怀孕在当今的世界算不了什么,可是在20世纪50年代的西方国家,依然是影响很大的事情。威廉·戈尔丁看着妻子抱着女儿流泪的样子,恨不得当场杀死那个浑小子。可是他只能给朱迪的老师赔不是,希望朱迪还可以继续在学校里学习。

然而,朱迪终于是回家了,那是1958年,这种属于道德层面、影响极为恶劣的错误，学校态度极为明确。朱迪并没有透露那个混蛋是谁。威廉·戈尔丁看着自己一直都视为珍宝的小女儿，感到了一种无力。更为糟糕的是，朱迪要执意生下这个孩子。安·布鲁克菲尔德愤怒了，给了朱迪两个耳光，说："你疯了，你看看你做的好事，把我们家的名声都搞臭了，以后让我们怎么见人？"朱迪蹲在地上，低着头，不说话。威廉·戈尔丁看着她落寞的背影，摇了摇头。

朱迪肚子里的孩子终归是打掉了。一个怀孕的少女本就是一个大新闻，若是未婚先孕更是严重的事件了。威廉·戈尔丁那段时间在家里陪着自己的小女儿。那个曾经依赖他的小女儿已经长大了，他多希望她可以幸福地生活。威廉·戈尔丁知道，只有做了父母之后，才会切身体会到父母的苦心。他多么的，希望朱迪的痛苦能由她自己可以承担。

处理完朱迪的事后，威廉·戈尔丁又开始了写作，《自由堕落》是他尘封3年的又一部作品。《自由堕落》是威廉·戈尔丁根据法国荒诞派作家加缪的小说《堕落》为蓝本而创作的一部小说。加缪《堕落》的主人公是《圣经》人物施洗礼者约翰，他认为自己堕落的起因是看到了一个女子投河自尽而没有去救。于是他到处向人们坦白此事，劝说人们相信基督教的"原罪"教义。

威廉·戈尔丁的《自由堕落》的主人公萨米·蒙乔伊是个私生子，萨米·蒙乔伊和他的母亲在贫民窟生活，母亲因为对生活的失望而选择自杀，萨米·蒙乔伊成了一名孤儿。后来，他在一次乞讨的过程中，被神父华滋·瓦特收养，神父对他视如己出，不但解决了萨米·蒙乔伊的温饱问题，而且还送他到学校读书。然而华滋·瓦特的仁慈并没有改变萨米·蒙乔伊的本性，也没有唤起他对宗教和上帝的信仰。

　　萨米·蒙乔伊乘周边无人的时候，在教堂的圣坛上撒过一泡尿，亵渎上帝，他憎恨上帝，他认为是上帝夺走了他的父母，让他成为孤儿。虽然我们可以将此归结为儿童的天真无知，但这毕竟是他背叛宗教的开始，也为他日后继续作恶开了先例。

　　在课堂上，教师露温娜·普林格尔教授学生基督教思想，萨米·蒙乔伊非常反感。他在这位女教师的课上画了一幅风景画，其中一部分是暗示人体的生殖器，这幅画被露温娜·普林格尔发现，他的弃神思想和淫秽的画使温娜·普林格尔女士大为伤心。然而，作为他人性堕落典型表现的是他对性欲的放纵。在萨米·蒙乔伊中学刚毕业的时候，有一次他来到春光明媚的小河边，看到河边有两只羊在进行交配，他突然感到一股强烈的性冲动，一边手淫，一边发誓要弄到美丽的姑娘比阿特里斯。

　　萨米·蒙乔伊最终成功地诱奸了比阿特里斯，在得到这个漂亮姑娘之后，又毫不留情地抛弃了她，导致她精神分裂，被关进了精神病院。可以肯定地说，萨米·蒙乔伊的纵欲行为是因为他放弃了宗教，背弃了神灵，这正是他堕落的开始。长大以后，萨米·蒙乔伊被纳粹逮捕。正当他在监狱里对自己幼年的堕落行为感到悔恨和恐惧的时候，纳粹却释放了他。这是不是萨米·蒙乔伊因为忏悔而获得了拯救呢？

　　由于朱迪的经历，威廉·戈尔丁在写作过程中更痛苦。他最终给了我们一个反讽式的结尾。他不是被上帝或作为上帝化身的人间使者救赎的，而是被那些背弃了上帝、作恶多端的纳粹分子释放的。这就是威廉·戈尔丁在写作中的高明之处，以此反讽了忏悔并不能得救，可以说这个结尾令人回味。

　　意大利教育家蒙台梭利认为"儿童是成人之父"，代表着真、善、美。赫斯曼说："如果我们能够回归到童年时期……如果我们能够保持童年的那种自然状态，那么很多社会的以及个人的问题都不会出现。"因此，关注儿童、关注人类童年时代对宗教的背弃以及由此导致的堕落，是威廉·戈尔丁在《自由堕落》中表达的主题。1959年，《自由堕落》这本书出版后，引起了很大的争议，学校应该如何对待青少年的教育，如何避免孩子走上堕落之路。

3.《塔尖》

1959年12月，威廉·戈尔丁的妻子安·布鲁克菲尔德在走路的时候突然晕倒，医生检查到她的肝功能受损，需要长时间休息。为了更好地照顾妻子，也为了更加专心地从事写作，1961年，威廉·戈尔丁辞去了中学教师的工作，开始将大量的时间投入到写作和照顾妻子中来。在她卧病在床的日子里，他一直都陪伴着她，和她探讨一些人生道理、探讨文学作品，不断表达了对她的爱情。两个人不断回忆着起初刚认识的点滴。阳光透过窗棂照射到他们身上，仿佛又回到了初恋的岁月。

1960年对于全球来说是重要的一年，因为这一年是"非洲独立年"。1960年非洲有17个国家获得独立，非洲终于废除了种族隔离制度，欧洲殖民者奴役非洲几百年的历史结束。非洲的独立运动改变了非洲的面貌，也使世界殖民体系最终瓦解。非洲的新兴独立国家成为一支重要的反殖反帝力量，在国际舞台上发挥着日益重要的作用。然而非洲的很多国家独立在很大程度上抗击了资本主义的发展。

威廉·戈尔丁在电视上看着这些黝黑且瘦的非洲人获得独立，为他们高兴，多少苦难换来了今天的独立。他们曾受到了欧洲殖民者的欺凌，人世间不平等的事情如此之多。他们不信仰基督教，难道他们的苦难真的是因为不信仰基督教而造成的吗？作家的想象力总是天马行空，于是，威廉·戈尔丁在脑海里开始构思另一部小说——《塔尖》。

随着年龄的增长，威廉·戈尔丁经历的事情越来越多，他愈发感觉人性的悲凉，对人生充满了悲观。威廉·戈尔丁在撰写《塔尖》的时候，依然是表现了人性邪恶、背弃上帝和死亡的主题。这部小说对成人的弃神与死亡的主题揭示得更加深刻，因为威廉·戈尔丁将批判的锋芒直指教会。

小说的主人公乔西林是一个不学无术、滥竽充数的教士，而他之所以能够做教士完全是依靠他姨妈的作用。他的姨妈曾经与老国王私通，结果国王慷慨地任命乔西林为"圣玛丽"天主教教堂的堂长。老国王作为国家最高领导人，将神圣的教长作为通奸的馈赠赠送给乔西林，这无疑是对上帝的极大的亵渎。乔西林虽然身居教会高职，但是他连基本的主祷文也念不好，念的时候常常漏洞百出，于是他从那以后就开始指挥领导，将其他杂活都分配给别人去做，而且也无心献身于宗教事业。

有一次，乔西林在睡梦中看到教堂的圣殿上升起一个塔尖，他以为这是神的指示，于是就下令集资造塔。威廉·戈尔丁最初写这段的时候，并不是在睡梦中，而是现实生活中。乔西林为了敛财而要构造的塔，他的妻子说，为什么不让乔西林在睡梦中得到神的指示而构建这座塔呢，这样讽刺意味更强烈。威廉·戈尔丁一听，是这样的，于是我们在后期出版的《塔尖》中看到的是在梦幻中看到教堂的圣殿上升起了一个塔尖。

乔西林是顶着很大的压力坚持建造塔尖。在这个造塔工程从动工一开始就受到了教会内外人士的反对，安塞尔姆神父甚至一张诉状将乔西林告到教皇那里。可是乔西林依然固执地坚持构建，并且行使他堂长的领导权强迫大家必须统一。从名义上讲，造塔是对上帝的崇敬；实际上，他是想借机大肆敛财，并为自己树碑立传。乔西林执意造塔，还有一个不为人知的心理。乔西林垂涎女教民古迪的美貌，为了长期占有她，他把古迪嫁给了阳痿不举的教堂执事潘格尔。

而这并不能阻止古迪的爱情，古迪爱上了年轻而正派的建筑师罗杰，乔西林不由得妒火中烧。罗杰用理论知识告诉乔西林，塔尖重量很大，会把教堂的柱子压弯。乔西林弃之不理，并强迫自己投入紧张的造塔工程，也是借此压抑自己对古迪的性欲冲动。一个教堂的堂长，居然对自己的教民和部下的老婆心怀下流欲念，这是乔西林人性邪恶和背弃上帝的又一表现。威廉·戈尔丁描写的乔西林的造塔过程也不是一帆风顺。他最亲密的朋友安塞尔姆神父离弃了他，他垂涎的古迪被那些异教徒建筑工人给轮奸了，替他跑腿的教堂执事潘格尔也被谋杀了。

塔尖最终建成了，但是代价如此之大，构建完毕的塔尖却把教堂的柱子压弯了。乔西林终于意识到建筑师罗杰当初的道理是正确的，于是强撑着病体去求得罗杰的原谅。罗杰想到自己心爱的姑娘古迪就是害在他的手里，将乔西林推倒在楼下摔成瘫痪。乔西林在临死前，终于意识到塔尖的构建并不是对上帝的赞颂，而是他灵魂丑恶的见证。

在《塔尖》中，威廉·戈尔丁描写的过程中反复出现了天使和撒旦的形象，这更深化了人性邪恶与宗教弃神的主题。天使的出现，使乔西林感受到上帝对他的关怀，忘记了他与安塞尔姆神父的争执，忘记了看到古迪与建筑师罗杰在一顶帐篷中做爱时内心的嫉妒。而在撒旦出现的时候，乔西林就噩梦不断，头痛心烦。其实，天使也好，撒旦也好，他们都是乔西林的幻觉，都代表乔西林灵魂中的恶。

在小说的结尾，当病中的乔西林被黑天使一掌击昏时，读者们可以确定，不管是白天使还是黑天使，它们都是魔鬼撒旦的化身，是魔鬼驱使他一步步地背弃上帝，从而走向死亡。《塔尖》作为一部反映教会、反映人性的作品，在20世纪60年代的英国引起了很大的反响。

4. 《金字塔》

1964年，威廉·戈尔丁的父亲去世，这对于他的打击很大，紧接着，他的母亲也随他父亲而去。很长一段时间他无法静心写作，常常在梦中梦到他的父母，醒来一片泪水。

1966年，威廉·戈尔丁已经在英国的文学界树立起了威望，他被称为"寓言编写家"，这个称谓在很大程度上肯定了他的文学成就。威廉·戈尔丁在成名之后走的弯路很少，这与他的才华有很大关系。

威廉·戈尔丁总是能从小事中找到灵感，挖掘主题，构思故事。《金字塔》的灵感就源于此。威廉·戈尔丁在《泰晤士报》上看到一个法律案例，某女人报案说某男人强奸了她，而实际上，当警方介入调查的时候，原来发生关系是两个人两厢情愿，只不过闹了矛盾，女人就指控男人强奸。一个很普通的新闻故事让威廉·戈尔丁思考——爱情是什么？是纯真的爱吗？还是一种无形的陷阱？这个简单的小故事给他带来了文学创作灵感。

威廉·戈尔丁在创作《金字塔》的时候，主要是将小说分为三大部分，他在写作过程中打破了以往的常规，由主人公奥利弗以自述的形式贯穿全篇。该小说主要是以现代工业文明时期的小城镇为故事发生的地点，和威廉·戈尔丁之前的作品不同，《金字塔》是以照相机似的生动形象的写实手法再现了当地居民的人性百态。在小市民平实近乎琐碎的生存环境下，他以轻松的笔调甚至喜剧风格来描绘了人的邪恶的本性。

该小说第一部分写的是奥利弗18岁那年的夏天对斯蒂伯恩城中下层女孩艾薇一见钟情，并一直都在锲而不舍地追求。这一段爱是奥利弗和艾薇青春和欲望强烈萌动的结果，他们并不懂得什么是真正的爱情。尤其是奥利弗，他对艾薇的爱仅仅表现在对艾薇健美的肉体的迷恋。这种建立在满足身体欲望基础上的爱情并不长久，两个月后，他们分手。2年后奥利弗和艾薇再次重逢，艾薇当众编造15岁时奥利弗强奸她的谎言来报复他。

这一部分，威廉·戈尔丁用大量的笔墨来描写艾薇这个人物。为了和奥利弗约会而晚归的艾薇被父亲打得左眼青肿，她担心父亲会因为她雨夜丢失了十字架挂链而遭一顿暴打。她选择去维尔莫特上尉家上秘书课，却不幸被维尔莫特上尉进行了性虐待。罗伯特与艾薇幽会却从未谈及婚嫁。而奥里弗也只不过把她当成排泄的"茅坑"。威廉·戈尔丁就用一种冷漠的态度描绘了这个没有温情、人人都犹如野兽的世界，而艾薇开始尽情地放纵自己，更沦为老板的情妇。

当奥利弗知道艾微并无身孕的时候，他兴奋地呼喊道："谢天谢地"。而在奥里弗的心中艾微不过"是个使你好奇、对你有用、令你心头发痒的东西"，而且是一个肮脏的东西，"这个东西，躺在散发腐臭味的地上，像一堆剔剩的骨头和垃圾——是生活的茅坑"。威廉·戈尔丁的语言虽然有些粗鲁，但是却淋漓尽致地表达了奥利弗的冷漠。

该小说的第二部分叙述了奥利弗精神层面的爱情。他在牛津大学一年级的假期去参加斯城歌剧社演出，有幸结识了从伦敦来的专业导演埃弗林·迪·崔西先生。埃弗林向奥利弗暗示了自己爱穿女装的癖好，甚至同性恋的倾向。作为变态爱的代表，埃弗林指出了奥利弗暗恋的偶像伊莫锦并非如他想象的那样完美。这一部分的内容表明人与人之间可以存在同性恋，因为这种精神之爱纯洁而高尚。实际上，奥利弗在精神上对伊莫锦的爱恋仅仅过了保鲜期就失去了兴趣。"因为生活始终像化学一样，不停地发生本质的变化。这便使得我感觉自己越是爱，越是想到解脱和逃跑。"奥利弗如是说。

该小说的第三部分主要描写了奥利弗在20多年后的故地重游。已经长大、成熟的奥利弗在童年的音乐老师墓前回忆往事。威廉·戈尔丁在描写这部分的时候主要是从两个方面揭示了爱的悖论。一方面是奥利弗跟老师彭斯的师生关系，真实内心深处的他们都是彼此憎恨着对方，而不是像表面上那样两个人相互尊重、互相热爱，威廉·戈尔丁强烈地表达了人性的虚伪；另一方面是彭斯跟亨利的情人关系，没有婚姻禁锢的爱情并非永远都和初见时候那般美好，这种不甚光彩的爱情也没有想象中的自由和浪漫，相反，这种爱情掺杂着更为肮脏的人生交易，即亨利真正要得到的是彭斯的地位和金钱，以便发展自己。

威廉·戈尔丁在《金字塔》这部小说的首页上写到"与人相处要有爱心；有爱心则生，无爱心则死"。我们每个人都可以理解这句话的内涵，但是在现实生活中总是有很多矛盾，而且爱并不是一剂万能的良药。在复杂而充满陷阱的社会生活中，有时爱是一切恨的根源和滋生罪恶的土壤，它带给我们新生的同时，很可能也会带给我们更深的伤害，甚至残酷的死亡。

威廉·戈尔丁最初是把小说命名为《奥利弗自传》，但是在出版社出版的时候，出版社的编辑给他提出了建议，命名为《金字塔》对于读者来说更具有吸引力。同时《金字塔》这个题目更有隐含意义：一方面这个雄伟、神奇的建筑象征着人间爱的神圣；另一方面，它的历史和现实身份是一座坟墓。《金字塔》是威廉·戈尔丁富有争议的一部小说。表面上看，这是一部故事情节简单、层次清晰的小说。但实际上，这部小说蕴藏了作者精心的构思。它体现了威廉·戈尔丁的另一种智慧，通过小说，他表达了对爱的悖论性思考。

1967年，《金字塔》出版，该小说出版不久后，1967年7月1日，欧洲共同体建立，这对于欧洲国家来说是一件大事。欧洲各国人民之间建立不断的、愈益密切的、联合的基础，清除分裂欧洲的壁垒，保证各国经济和社会的进步，不断改善人民生活和就业的条件，并通过共同贸易政策促进国际交换。由于这件国际间的政治大事，推动了威廉·戈尔丁家乡的经济发展，他的《金字塔》较其之前的《塔尖》、《自由堕落》卖得都好。

《金字塔》又成就了威廉·戈尔丁，这是对他最好的鼓励。

5. 《过界的仪式》

《过界的仪式》、《近方位》以及《底下的火》是威廉·戈尔丁晚年时期的重要作品。

威廉·戈尔丁在晚年的时候，常常回忆起自己年轻时的事情，尤其是1940年，他参加第二次世界大战的经历，他开始怀念那段生活。1980年，已经69岁的威廉·戈尔丁几乎走过了人生的大半辈子。读书、教书、结婚、生子、参战，该经历过的都经历过了，此时的他已经有些超然。然而在海上作战的经历依然难以磨灭，因此他的脑海里一直在构思关于航海题材方面的小说。

威廉·戈尔丁初步有航海三部曲这个念头的时候，并没有具体的构思。直到1982年4月，马尔维纳斯群岛战争爆发，威廉·戈尔丁时刻关注这场战争，并从战争中获取灵感。这场战争是在阿根廷和英国之间爆发的。阿根廷政府试图通过对马岛采取军事行动，来缓解国内危机。1982年3月19日，阿根廷人登陆南乔治亚岛并升起国旗。4月2日，加尔铁里总统下令出兵占领马岛，马岛战争正式爆发。英国政府最终还是对马岛总督杭特（Governor Hunt）发出警告，阿根廷可能在3月31日入侵。为此，杭特将手边象征性的兵力发布战备，并将指挥权交给驻守当地的陆战队指挥官麦克·诺曼少校（Maj. Mike Norman RM）。于是一场正义与非正义之间的战争开始了，威廉·戈尔丁的灵感也开始了。

威廉·戈尔丁在创作《过界的仪式》的过程中，曾与妻子安·布鲁克菲尔德发生过争吵。两人冷战达3个月之久，这是他们一生中从未有过的争吵，威廉·戈尔丁感到了从没有过的恐慌，虽然此时的他已经名利双收，可是在妻子不理他的这段时间内，他根本没有心思去写作。他一生都爱他的妻子，从未背叛，想着妻子自从和他在一起所承受的压力、遭受的辛劳，他主动示好，希望妻子原谅。与妻子的冷战，让威廉·戈尔丁在《过界的仪式》中表达了一种淳朴。

《过界的仪式》是威廉·戈尔丁撰写航海三部曲中的第一部。该小说主要是讲述了英国富家子弟塔尔伯特在教父介绍之下去澳洲干一份美差，于是塔尔伯特乘船从英国到澳大利亚去。他一路上用心观察、随时记下日记，写下自己的所见所闻、所思所想。在这条船上形形色色的人都有：有赴澳洲旅游或者工作的英国上流贵族人士，有由士兵押解、放逐到澳洲劳教的罪犯，还有一位出身于贫农之家的青年牧师科利等等。

塔尔伯特在这条船上见到船长安德生的势利，对于富人像哈巴狗一样，对于穷人则相当跋扈。他也看到了极度虚伪的军官弗雷尔上尉和极度正直的萨默斯上尉，这两个上尉之间恰好形成鲜明的对比。塔尔伯特甚至领略了被荡妇齐诺比亚勾引而堕落的滋味，这些都是塔尔伯特以前无法接触到的。他通过观察，对社会的复杂、黑暗有了初步认识。

威廉·戈尔丁在撰写《过界的仪式》时仍是以表达人性恶为主题。因此，在他反复修改之后定稿中的牧师科利才是真正受害的主角。科利也是对塔尔伯特震动最大、教育最深的一个人。宗教在英国是神圣不可侵犯的，但是牧师尤其是年轻的牧师并不为人们所尊重。船长和船上的上流人士都看不起宗教，科利更由于出身贫寒，人又年轻单纯，而备受人们的歧视，连塔尔伯特也回避与他交往。科利对自己的处境十分伤心。

只有船上一位名叫罗杰斯的水手，由于体魄雄伟健美成了科利崇拜的对象。后来，在船过赤道时，为了增加娱乐性和趣味性，水手们让乘客们参加"过界的仪式"，其实这完全是一场恶作剧。在船长的默许下，水手们首先大大耍弄了牧师科利一场。他们把脏东西往他嘴里塞，在他脸上抹，还把他扔到盛满海水和尿的、挂起来的盖舱帆布里，看他挣扎，大笑取乐。

而后水手们又把科利灌醉，趁他喝醉了的时候，让科利一向都崇拜爱慕的水手罗杰斯勾引他，结果他与罗杰斯发生了同性恋关系。酒醒后，科利回想起自己和罗杰斯发生的关系，他感到干出的丑事无颜面对别人，痛悔万分，终于自杀身亡。而事后塔尔伯特才了解到科利是一个十分单纯幼稚的人。威廉·戈尔丁以塔尔伯特的口吻批判人性，同时，他通过这场过界仪式向读者揭示人性中兽性的存在的普遍性，又通过科利的经历告诉人们，如果对这种兽性没有认识，不能充分控制，将会造成怎样的恶果。

《过界的仪式》是威廉·戈尔丁所写的航海三部曲中的第一部，该小说出版后同样受到读者的欢迎，里面涉及的人性让人们恐慌。《过界的仪式》并不只是阴沉的道德说教和关于邪恶、奸诈、毁灭力量的黑色神话，同时，它也是丰富多彩的冒险故事。它的可读性很强，充满了叙事的喜悦，别出心裁，富有刺激，加之还有层出不穷的幽默、辛辣的讽刺、喜剧和热烈的玩笑。

在《过界的仪式》的结尾处我们依然可以看到一种活力，事实上，它突破了那些悲剧性的、厌世的、令人恐怖的东西。一种活力，一种精力，使它富有感染力。这应归功于它的力量与倔强，归功于它拥有一种作为抗衡力的相反相成的自由。因此，这部故事发生在19世纪初拿破仑战争时期、航海日记式的小说荣获1980年度英国最高文学奖布克奖，同时这部小说也是威廉·戈尔丁在获诺贝尔文学奖前所写的最后一部长篇小说。

第九章　信仰、思想与风格

1. 浓重的基督教信仰

威廉·戈尔丁的基督信仰是后期形成的。他出生在一个民主的、没有宗教氛围的中产阶级家庭里，他的父亲亚历克·戈尔丁是当地中学的校长，深信自然科学、理性主义和人道主义可以促使人类进步，因此在日常的教诲中，他的父亲更多地教他相信科学。他的母亲米尔德里德是热衷于鼓吹妇女参政的民权主义者。因此少年时代的威廉·戈尔丁并没有宗教信仰。

威廉·戈尔丁在牛津大学求学期间，他依然认为人类可以不依靠上帝而存在，人类完全可以改造社会环境、消除社会丑恶，从而达到完善自我、改善生存境况的目的。他的这一理想与一些乌托邦空想家的思想一脉相承。威廉·戈尔丁在晚年回忆生活时，他对上帝的信仰和早年对上帝的排斥判若两人。

威廉·戈尔丁对于宗教的看法是他参加第二次世界大战之后改变的。1940年，威廉·戈尔丁以中尉军官的身份参战，并参加了诺曼底登陆和击沉德国"俾斯麦"号巡洋舰的战役。在残酷的枪林弹雨和血肉横飞中，他发现了"人与人之间能够做出什么样的事情。而这并非是新几内亚或者亚马逊地区原始部落猎取人头的问题。这些暴行是由那些受过良好教育、具有良好素养的人以冷酷的专业技能所为。这些人包括医生、律师以及那些以悠久的高度发达的文明传统为后盾的人。他们对自己的同类施行暴行"（宋兆霖，1998a：169）。

这种思想曾让威廉·戈尔丁矛盾过，第二次世界大战结束后一段时间，他对人生感到极其厌恶，战争的创伤还没有来得及修复，对于人性的反思让他对人类更加失望。一次在阅读的时候，他重读了人类的始祖亚当和夏娃的故事，当年他们在伊甸园中，因为受了蛇的诱惑，违背上帝命令，吃了禁果，这一罪过成了整个人类的原始罪过，基督教的原罪就开始形成了。

　　威廉·戈尔丁对于这个发现极为兴奋，他脑海曾经苦苦思考不得解答的问题一瞬间就明白了。因为基督教最初的原罪会传给后代，每一个人都有自己的罪过，这是天性使然，这需要基督的救赎。威廉·戈尔丁开始研究原罪的教义。他开始释然。原罪，这个与生俱有的罪恶是人思想与行为上犯罪的根源，是各种罪恶滋生的根，会把人引向罪恶的深渊，又是使人难以自拔的原因。

　　联想到自己在第二次世界大战所看到的暴行，以及对原罪思想的接触，威廉·戈尔丁的思想发生了深刻的变化，他开始否定父亲向他灌输的"可以信赖的科学人道主义"。他认为："经历过那些（战争）岁月的人，如果还不了解'恶'出于人犹如'蜜'产于蜂，那他不是瞎了眼，就是脑子出了毛病。"威廉·戈尔丁觉得，宗教"原罪"思想似乎比科学理性原则更符合于客观现实。

　　他说："如果你在第二次世界大战前见到我，你会发现我是一个理想主义者。脑子里充满了我们这一代人，特别是在欧洲的同龄人所共有的一种简单幼稚的信念：认为人类可以发展到完美无瑕的阶段。只要消除社会上的某些不平等因素，对社会问题采取一些切实可行的措施，我们就可以在地球上创造一个人间天堂。但是，我们从第二次世界大战中得到了一些启示。这场战争不同于欧洲历史上所经历过的任何其他战争，它给予我们的启迪不是关于战争本身，或国家政治，或民族主义的弊端，而是有关人的本性。"很大程度上，第二次世界大战对于威廉·戈尔丁的影响不仅仅是一种经历的积淀，更重要的是深深影响了他的精神世界，并成就了他的创作，同时让他的创作中时时都隐含着宗教色彩。

威廉·戈尔丁的人性恶论在他的处女作《蝇王》中表现得尤为突出。《蝇王》的主人公西蒙的出场一直都笼罩着一层神圣的光晕。在我们不知道他名字之前，西蒙的出场就是以一个经常晕厥的合唱队员的身份出现，具有浓厚的宗教色彩。当我们知道他的名字后，立刻会联想到《圣经》中那位大名鼎鼎、人所共知的西蒙·彼得———耶稣的十二使徒之一，耶稣死后，被举为众使徒之首，后在罗马殉教。

第二次世界大战结束后，威廉·戈尔丁写道：人离开了神，就像创世前的地，地是空虚混沌、渊面黑暗。人离开了神，人的灵也是空虚混沌、渊面黑暗。然而神说"要有光"，就有光。神的话语必定成就。从中我们可以看出，他已经开始相信神，同时，威廉·戈尔丁在其作品中也开始表达他的人性观，这种人性观既来自基督教《圣经》的"原罪"说，又将其与基督教的末世论结合起来。威廉·戈尔丁在这种观点的影响下，开始探讨人类的邪恶本性怎样导致人类终极的堕落与毁灭。

威廉·戈尔丁曾经说过，他是以'堕落'的神话在进行创作。因此在他的作品中，我们能够深刻地体会到他对人性"恶"与"罪恶的救赎"的思考。他的妻子曾经试图改变他的这种人性恶论的观点，但并没有成功。威廉·戈尔丁相信基督教的原罪说，认为人类的本性是邪恶的，认为是人把恶带到了世上，于是试图从人本身的缺陷来寻找社会问题的根源。这是他思想上的局限性。

1945年之后，威廉·戈尔丁开始信奉基督教，他开始认真钻研《圣经》、《旧约全书》、《创世记》、《出埃及记》、《利未记》、《民数记》、《申命记》，精神层面的知识日益丰富，这些知识层面的拓宽对于他的写作有着重要的影响。在他的影响下，妻子安·布鲁克菲尔德也开始信奉上帝。

威廉·戈尔丁和他的妻子信奉上帝、信奉基督教，同时，他们对人生的探讨是积极的。通过威廉·戈尔丁的作品我们可以发现，他经常运用寓言、比喻、象征等艺术手段，引用《圣经》和神话传说，来创造现代神话，揭示人类文明的脆弱。他的作品故事性强、富有哲理，富有想象力，题材多种多样，风格各不相同。由于他往往采用象征手法表现严肃主题，因此可以说，宗教对威廉·戈尔丁的写作起到了推动作用。

2. 人道主义思想

威廉·戈尔丁小的时候，他的父亲亚历克·戈尔丁就向他灌输科学的、可以信赖的人道主义思想这一理念。可以说，从小接受的这一思想此后贯穿了他的一生。威廉·戈尔丁的思想，其核心就是人道主义，人的尊严问题，一直是缠绕着他的创作、生活和政治斗争的根本问题。

亚历克·戈尔丁给他灌输的人道主义继承和发展了古希腊人道精神的精华，冲破了中世纪教会统治下以神为中心的思想束缚，主张人是自然的一部分并支配自然，认为追求快乐是人的天然权利和社会发展的动因。上升时期的资产阶级根据这种理论，无情地批判了封建教会视肉欲和世俗生活为罪恶的禁欲主义，肯定了人拥有享受人间一切快乐的权利。因此，威廉·戈尔丁在童年时期对生活的态度比起同龄人来说更乐观、更积极。

威廉·戈尔丁父母一直向他灌输的人道主义思想是起源于欧洲文艺复兴时期的一种思想体系，主要是提倡关怀人、爱护人、尊重人，做到以人为本、以人为中心的这样一种世界观。法国资产阶级革命时期又把人道主义的内涵具体化为"自由""平等""博爱"等口号。人道主义在资产阶级革命时期起着反对封建制度的积极作用。他从小受父母的影响比较大，虽然威廉·戈尔丁信奉人性恶论，但是在生活中，他依然是一个人道主义者，依然是一个善良的公民。

如果说威廉·戈尔丁从小接受的人道主义教育是被动的，那么在上大学后接触的人道主义思想层面的教育则是主动的。威廉·戈尔丁在大学时期看了很多关于人道主义的书籍。现代西方哲学中的许多流派，如存在主义、新托马斯主义、人格主义、实用主义、法兰克福学派等等流派，他们都宣扬要褒扬人的价值，捍卫人的尊严，提高人的地位，以现代眼光研究人的状况、特点、前途和利益。

威廉·戈尔丁不断钻研这些流派共同关心的问题，主要有：人的本质、人格、人与科学技术以及实现人道的设想等等。他在钻研这些之后，更加意识到了，人道主义中重要的是对生命和尊严的一种维护。他在自己的大学日记里写道："今天看了马里旦的学说，他指出以神道作为实现人道的手段，并用灵性的东西和宗教信仰鼓动人们创造人道化的社会环境。他指出，基督教的人生哲学指导着基督徒的社会。这是一个享有人的权利和人的尊严的社会，在此社会中，不同种族、不同文化传统的人同心协力，以完成人世间的人造事业。真是这样？"

1953年，英国英格兰地区的风暴潮导致了众多人员伤亡。风暴潮是英国比较常见的一种自然灾害，由于剧烈的大气扰动，如强风和气压骤变（通常指台风和温带气旋等灾害性天气系统）导致海水异常升降，使受其影响的海区的潮位大大地超过平常潮位的现象。但是此次风暴潮来袭势头凶猛，当地居民没有任何准备，严重地威胁了居民的正常生活，政府组织居民搬迁到安全的地方。在搬迁的过程中，威廉·戈尔丁看到一个小女孩在楼上喊着妈妈。虽然时间紧急，威廉·戈尔丁依然去抱起了小女孩，带她到了安全的地方。这只是简单的一件事情，但是从中看出，威廉·戈尔丁浓厚的人道主义。安·布鲁克菲尔德对他这件事给予了极大的表扬。

威廉·戈尔丁和安·布鲁克菲尔德在教育孩子的时候，也注重人道主义的宣扬，他认为人的高贵和尊严是人道主义的核心价值。所以人道主义反对意识形态的、伦理道德中具有那种：贬损个人、压制自由、愚弄智识或非人化的信条。人道主义坚信最大程度的个人自主性与社会责任感是和谐一致的。他希望朱迪和大卫可以达到这种境界，这样他们的人生就可以顺畅很多。威廉·戈尔丁在中年之后，对于孩子的道路很担忧，他那么迫切地希望他的孩子们可以幸福、平安地生活。

人道主义在威廉·戈尔丁精神层面的重要，导致了它也会在威廉·戈尔丁的作品中时有体现，主要是因为他真的信奉人道主义并且一直在努力贯彻人道主义。他在他创作的文学作品中极度地倡导这种体现尊重的人道主义，可以说，这构成了威廉·戈尔丁文学创作的母题，同时也反映着威廉·戈尔丁未来作品的核心问题。

威廉·戈尔丁在《看得见的黑暗》中表现了浓厚的人文主义色彩。邪恶的鼓吹者是两个年轻貌美的姑娘，她们以近乎凶暴的特点出现在读者眼前，她们被对邪恶的喜爱所驱使去做坏事，而她们爱邪恶仅仅因为它是邪恶。与她们截然不同的是一个勇敢年轻人，他在一个对他的毁灭麻木不仁的世界上去朝圣。通过讲述善恶相斗的二神论的书，威廉·戈尔丁表达了人的主动性和能动性是可以改变世界的。

威廉·戈尔丁在《蝇王》中塑造的勇敢、正义的拉尔夫就体现了浓厚的人道主义色彩，前期，当大人都消失，他们的家园面临威胁的时候，他带领着他们来到安全的地方。拉尔夫这个人物自身凝聚着一种魅力，但是他并没有把这种魅力持续到最终。"挣扎着站起来，紧张地准备迎战更多的恐怖行为，却抬头望见一顶高大的尖帽子。这是一顶白顶帽子，绿色的帽檐上有一个皇冠，一个锚和金色的饰叶。他看到白色的卡其布、肩章、一支左轮手枪和制服前面一排金色的纽扣。"最终他只是以一个落魄的形象出现。这就是引起我们的反思，如果拉尔夫一直都倡导人道主义，那么是不是结果不会这么悲惨呢？

威廉·戈尔丁在文学创作中都是假设主人公是幸福的，是因为他认为只有幸福的生活才符合人的尊严，被责为永罚，却幸福，这绝对是一种反抗，也是在这种条件下唯一可能的反抗形式，而反抗才能体现尊严。他在假设其幸福的时候，充分运用了想象和独断，其潜台词，却是人类尊严的需要。可以说，威廉·戈尔丁作品中流露的这种人道主义对于推动当时英国资本主义文化革命的发展有着一定的推动作用。

3. 二元对立思想

威廉·戈尔丁在牛津大学接受的教育对他的一生都有重要的影响。他在大学二年级的时候开始钻研二元对立思想。起初阅读的时候，他仅仅是将这种学习当成是对一种视野的开拓，却不曾想，早期的学习竟然对后期的写作产生如此重大的影响，这是对威廉·戈尔丁自己所预想不到的。

第二次世界大战结束后，威廉·戈尔丁在报纸上看到吉登斯的文章，他指出：现代主义思想以及现代社会科学对人类社会的认识与理解，主要建立在主观主义与客观主义的对立之上。主观主义将"人"这一行为主体视为社会分析的核心命题，而另一方面，客观主义则由于将"社会"放在了首要的位置，所以社会制度就成为其分析社会的中心主题。威廉·戈尔丁回忆着自己的人生经历，感觉这句话是如此正确。

于是他开始钻研二元对立思想。慢慢地，他发现这种对立性、矛盾性存在于生活的方方面面。二元对立最经典的例子，是理性（rational）与感性（emotional）的二分。在西方哲学中，理性一向比感性会获得更高的评价，其地位远远高于感性。另一个例子，是存在（presence）与缺少（absence）的二分，同样地，前者在西方哲学中的地位远高于后者。这些"高等理念"后来被发展，应用范围更广阔。

威廉·戈尔丁记得大学期间教授讲述的二元对立的其他案例，

比如男性（与女性对立）、说话能力（与写作能力对立）等，在某种意义上，这些都已经被视为一种称为逻辑中心主义的西方哲学思想。这种二元对立思想对于后期威廉·戈尔丁的创作有着重要的影响。在他创作的作品中，荒诞和理性、生与死、堕落和拯救、阳光和阴影、有罪和无辜这些二元对立的主题经常成对出现，而且互不抵消。而正是这些对立思想的存在让读者在阅读中受到震撼，会思考、会愤懑、会焦虑，这正是威廉·戈尔丁所要达到的效果。

威廉·戈尔丁在1956年创作的《吕契·马丁》就采用了这种思想。他描写了主人公——这个讲故事者，怎样正在被淹死。实际上，当他讲自己的故事时，他已经死了或已处于垂死状态。在他忘情地关注自我的过程中，他似乎一度获得了更美好的死。他以回忆自己的一生来这样做。主人公的一生充满了冷酷无情的自私和对他人的残忍，在生命垂危之际，他开始后悔、开始反思、开始向往美好的生活，希望他自己拥有善良的品质。威廉·戈尔丁很多作品都表达了这种思想。

同样，威廉·戈尔丁在1964年发表的《塔尖》也表达了这种二元对立的思想。乔西林作为一个信奉上帝的教长，在他的一生中做了很多罪恶的事情。由于他的人性中存在着大量邪恶的种子，这些丧失人性的行为最终不仅害了别人，也害了自己。而在一切无法挽回的时候，乔西林开始后悔，开始反省，开始道歉。

> 恐惧与喜悦交织的是什么？它们该以怎样的方式交织在一起？为什么它们都同样闪着光，飞跃充满惊恐的夜空，就如同忧郁的夜鸟掠过水面？
>
> "一个赞同的手势——"
>
> 在潮汐中，像忧郁的夜鸟一样飞翔着，挣扎着，呼喊

着，尖叫着留下那魔法般的、令人费解的语言——

"它就像一棵苹果树！"（It's like the apple tree!）

亚当神父俯下身，却什么也听不见了。但是，他看到了乔西林的嘴唇在颤抖，似乎在呻吟着："主啊！主啊！主啊！"。因此，他以一颗宽容之心，将圣饼放在了死人口中。

这段话威廉·戈尔丁已经向我们暗示了乔西林眼中的苹果树交织着"恐惧"与"喜悦"的双重感情，而且威廉·戈尔丁没有用"a"而用了"the"这个定冠词，这显然是有所指的。关于这一点，威廉·戈尔丁研究学者Boyd认为，"乔西林尝到了他自身及周围人的邪恶之苦，但却使'人类希望的闪光显现'。"

可以说，威廉·戈尔丁笔下的主人公是一个不幸的甚至有些残忍的生命，然而这是他的生命，而且他没有理由想失去这个生命。威廉·戈尔丁就用对立的思想给读者讲述了一个令人毛骨悚然的鬼怪故事，同时又是一个渴望尊严地、轰轰烈烈地生活的生存意志的寓言。善良与邪恶、美好与丑陋之间鲜明的二元对立让读者在欣赏故事情节的同时，引领他们考虑深层次的人性问题。

威廉·戈尔丁在他的随笔和日志中曾经多次写过这样一句话——用一片黑暗来形容明亮的阳光。用黑暗来形容明亮的阳光，这是典型的二元对立的思想。我们细读一下威廉·戈尔丁的作品，可以发现无论是他的小说还是戏剧，或是哲理随笔，都看不到逻辑的一贯性，到处都隐含着矛盾，这在别的作家那里，可能是个致命的弱点，可从威廉·戈尔丁的作品中体现的却是复杂的深刻，而且这种矛盾却吸引了读者的兴趣，造就了他的成功。

生活中，威廉·戈尔丁也有矛盾的体现。他大学毕业后，一个人到伦敦去实现自己的梦想，可是那段时间，他一方面想坚持这种带有流浪色彩的生活，一方面又想追求一种稳定的居家生活。他给自己的好友写信表达了他的困惑。一种思想与行动上的矛盾让他纠结。最终，4年之后，他回到了家乡，成为了一名普通的中学教师，可是太过安逸的生活又让威廉·戈尔丁怀念激情。

丹麦物理学家玻尔说过："和小真理相对的当然是谬误，可是和伟大的真理相对的仍然是伟大的真理。"正是在这样对矛盾的正视当中反映了人类思维的局限及其和世界的断裂。在威廉·戈尔丁看来，二元对立的两极互相为对方的存在而存在，形成强大的张力，悖论和歧义性、多义性在此丛生，这也成为威廉·戈尔丁难以被定义的地方，其间人道主义一以贯之，然而人道主义本来就是意义含混的词语。

4. 存在主义思想

威廉·戈尔丁是在第二次世界大战后接触到存在主义思想。第二次世界大战以后，世界上大多数参战国的公民对未来都感到前途渺茫，苦闷彷徨，他们被绝望、孤独和无家可归的情绪所笼罩，从精神上来说大多数都失去了安全感，人的生存面临严重威胁。这时，为了寻找人们内心缺乏的安全感，存在主义再一次掀起了人们议论的热潮。从哲学角度来看，存在主义的根本观点是把孤立的个人的非理性意识活动当做最真实的存在，并作为其全部哲学的出发点。

然而，随着西方资本主义社会的发展，其自身制度的剥削性质决定了其会在发展中暴露出一定的问题。周期性的经济危机、两次世界大战、法西斯主义的崛起和它对人们的灭绝人性的迫害，"使得人们在资本主义发展初期所滋长蔓延起来的对理性和科学的颂扬，对社会进步的乐观幻想，迅速被一种所谓'存在的不可理解'、'人的存在的走投无路的悲剧性'的感觉所取代"。20世纪50年代，很多社会主义国家成立，威廉·戈尔丁认为这种和资本主义国家截然不同的制度也有很大的潜力，但是资本主义国家政府以及公民普遍开始焦躁。

　　这种基于社会现状、以人为中心、尊重人的个性和自由的哲学的存在主义思想远远超出了单纯的哲学范围，已经逐渐影响到了西方社会精神生活的各个方面，在文学艺术方面的影响尤为突出。存在主义最著名和最明确的倡议是让·保罗·萨特的格言："存在先于本质"（l'existence précède l'essence）。这句话对威廉·戈尔丁触动很大，在他看来，除了人的生存之外没有天经地义的道德或体外的灵魂，道德和灵魂都是人在生存中创造出来的，并且人没有义务遵守某个道德标准或宗教信仰。人有选择的自由，要评价一个人，就要评价他的所作所为，而不是评价他是个什么人物。因此威廉·戈尔丁在文学创作的时候，注重塑造其人物故事。

　　威廉·戈尔丁受一些哲学家的影响比较大，克尔凯郭尔就是其中一个，第二次世界大战后，威廉·戈尔丁认真钻研克尔凯郭尔的理论。克尔凯郭尔的为人十分矛盾，在他看来，19世纪的中心事实是，一度存在的基督文明已经不复存在，为此他专门写了《对基督教世界的攻击》来论述这个问题。但是他同时又是一个基督教徒，并且他认为所有的基督教徒都应该向他学习！可以说，这本书对于威廉·戈尔丁的影响很大。

虽然他认为，基督教只关心个人的东西，而没有关注到整个社会的发展变化，与他的思想不符。正因为克尔凯郭尔个人思想的矛盾，使他并不被世人接受，人们往往抓住他的某些缺陷大做文章，却忽略了他超越时代的思想——克尔凯郭尔主张现代性的主要运动是向群体社会漂移。而这样的高度集体化和外在化的群体社会，同时也意味着个体的死亡。

在这里，克尔凯郭尔否定了个体存在的作用，忽视了现实世界存在的意义，不但超前，而且过分极端，导致他很不被人喜欢，常常被别人反驳。但是，威廉·戈尔丁欣赏克尔凯郭尔。威廉·戈尔丁是存在主义作家中对荒诞论述得最全面、最深刻的作家，他的作品中所表现的存在主义主要是在以人为中心的基础上尊重人的个性和自由，认为人是在无意义的宇宙中生活，人的存在本身也没有意义，但人可以在存在的基础上自我造就，活得精彩。

威廉·戈尔丁在1956年发表的《吕契·马丁》一书中采用存在主义描写了马丁临死前的状况。马丁在一次海战中由于船被敌人击沉，不幸落入了大海，他几经挣扎，终于爬上了一块低矮的礁石，他满怀求生的愿望，想要活下来。他感到剧烈的牙痛，在痛苦中他不断想起自己过去犯下的种种罪恶，但是他并不想悔改，反而咒骂他的一位像基督一样善良诚恳的朋友，表示他憎恶基督。

最后，当上帝化身为一个老人，前来安慰他的时候，他竟然咒骂上帝，说："是我创造了你，我也能创造我的天堂。"于是上帝惩罚他，雷雨大作，马丁临死前愤怒地叫喊道："我要把大便拉在你的天堂上。"尤其是在人们普遍感受到这个世界的荒诞性，人存在的荒诞性，在这种背景下，威廉·戈尔丁的作品包含的存在主义就受到读者的欢迎。

5. 艺术特点和风格

威廉·戈尔丁的小说具有他自己的风格，他的作品与19世纪现实主义和浪漫主义小说的艺术特点相比，截然不同。没有引人入胜的故事情节，人物性格基本上没有发展变化，也缺乏现实主义作家极为重视的环境描写。往往他在创作的过程中都是平铺直叙地在讲述一个内容严肃的故事，语调平淡冷峻，很难碰到绘声绘色的描述。而且，故事本身和人物的遭遇往往虚虚实实，飘忽不定。

威廉·戈尔丁的这种艺术特点决定了他的小说注重哲理和寓意，但是在讲述哲理过程中威廉·戈尔丁并不刻意讲究人物性格的典型性，环境描写也很随意。在他的感受中，世界是荒诞的、恐怖的、令人痛苦和绝望的，这是一个不可理喻的世界。威廉·戈尔丁小说中那种凝重、淡漠和沉闷的气氛，和这样的一个世界正相对应。为了更好地显示小说的哲理内涵，更深刻地表现世界的不可理喻，他会用自己惯用的手法来表达。

象征是威廉·戈尔丁在文学作品中常用的表达手法。在《蝇王》中，勇敢的拉尔夫象征着正义、善良；杰克则代表着邪恶。拉尔夫手持的海螺成为民主的象征物。在拉尔夫逃亡的过程中，一直都象征着科学的眼镜和象征着民主的海螺在争夺中被摔得粉碎。文明就这样被野蛮轻易地征服，理性就这样被愚昧压倒，同时象征着建立在社会理性基础上的民主在专制和暴力面前显得是那么的疲弱无力。《蝇王》不只是象征着丑恶的悬挂着的猪头，更代表的是人性最深层的黑暗面，这些都是无法避免的劣根性。

逆说是威廉·戈尔丁作品中的重要特点，这主要是受二元对立思想的影响。威廉·戈尔丁所叙述的事情初看起来是荒诞不经和自相矛盾的，但当我们读完故事认真思考的话，就会看到其中包含着某种真实性。表面上是"非"，实际上却是"是"，也就是似非而是。在他的作品中用这种手法所写的内容大量存在。

威廉·戈尔丁的作品中突出特点就是表现荒诞。这些威廉·戈尔丁式的荒诞手法主要是来源于"世界是荒诞的"这一基本信条。威廉·戈尔丁作品中的荒诞特点主要表现在情节与人物行为上出现的违反常情与理性的情况。这里有存在主义哲学思想的影响。在威廉·戈尔丁的作品中，他的小说中常常有浓厚的科幻色彩，《蝇王》的原子大战的情节就比较荒诞。

威廉·戈尔丁在作品中表现的讽刺主要产生于对现实荒诞性的揭示。这种讽刺加深了小说想要表达的主题。他的主人公为了正义或辨明真相而奔走，但经常是陷入一种令人啼笑皆非的困境。威廉·戈尔丁小说中的讽刺意味往往与苦涩的幽默紧密地结合在一起。如《蝇王》的结尾，虽然拉尔夫和小伙伴们得救了，但他回想起这几天的恐怖生活，禁不住号啕大哭，他痛哭童心泯灭，他痛哭人性凶残，而在他们身后原子大战仍在继续，这就是一种对战争的讽刺。

威廉·戈尔丁的叙述风格具有他自己的特点。既平淡拙朴又凝重冷漠的叙述风格加深了读者对文章的认知和思考。这种语言风格与作品内容的朴素无华最相适应，这种风格的形成同作家对生活的认识和感悟有关。现实生活的残忍，人与人之间的冷酷，威廉·戈尔丁是有过切身体验的。因此这位陷入深深痛苦与困惑之中的作家在创作他的寓言性小说时表现出的这种语言风格是完全合乎逻辑的。

马上传来一下抽气声是喊痛声。拉尔夫本能地把身子蜷缩起来。灌木外面是孪生兄弟当中的一个和杰克及罗杰尔在一起。

"你有把握他要待在那里面吗？"

孪生兄弟当中的一个轻轻地呻吟，接着又高声叫痛。

"他说了他要躲在那里面吗？"

"对——对——啊唷——！"

清脆的笑声在树林里回荡。

原来他们知道了。

拉尔夫拿起木棍准备战斗。可是他们能干什么呢？他们要是开路走进灌木丛，得花上一个星期，而且钻进来的人也没办法抓住他。他用大拇指摸摸标枪尖，冷静地笑笑。谁进来就捅他一下子，让他痛得像猪那样嚎叫。

这部分是描写拉尔夫和孪生兄弟的斗争，威廉·戈尔丁为他们描述的语言就很冷漠，作为一个儿童，这种语言恰恰表达了天性中的邪恶。

威廉·戈尔丁具有自身风格和特点的作品，是一定历史和社会发展的一种特定结果。他以独特的艺术形式表现了现代世界人们所体验的各种痛苦感受，如灾难感、恐惧感、猜疑感、陌生感和无能为力感，因此被我们视为一代文学宗师。

第十章　成名后的生活

1. 荣耀背后的生活

　　1954年，威廉·戈尔丁发表了《蝇王》，取得了巨大的成功，他的名字被众人所熟知。紧接着，1955年，他又成功发表了《继承者》，受到广泛的好评，同年，他加入了英国皇家文学会。这些荣耀打破了威廉·戈尔丁的正常生活，这是他一直以来做梦都向往的生活，然而真正开始这种生活时，他又开始厌倦了。

　　《蝇王》出版后，威廉·戈尔丁收到了很多读者的来信，这些信都是读者邮寄给出版社之后，出版社转交给他的。起初他读着这些来信，他们对他的崇拜让他很有成就感，他利用闲暇的时间一封封读着，认真给他的粉丝回信。可是随着信件越来越多，尤其是当一天他可以收到500封读者来信时，威廉·戈尔丁就有些不耐烦了，他甚至不读信的内容，直接扔到垃圾桶里，更不要说回信了。他第一次知道，原来当名人也会烦恼。

　　同时，成名后的威廉·戈尔丁不断收到邀请函，很多媒体通过出版社来联系威廉·戈尔丁，想对其进行专访报道。威廉·戈尔丁对这种邀请以及采访并不感到厌烦，当记者问起他的私人生活以及婚姻状况等相关问题时，他总是表现出一种不为人知的厌烦，并且以"生活简单、婚姻幸福"来作答。但是他会热情地回答关于他创作灵感方面的问题，坦白地讲，威廉·戈尔丁喜欢被采访，那样他的虚荣心得到了极大的满足。

　　威廉·戈尔丁将越来越多的精力开始集中在对外应酬方面，这样导致他的家庭生活和工作都受到了影响。

威廉·戈尔丁成名之后，学校教务处的领导将他的课程减半，他依然会抽出时间精心准备第二天的课程。只是当他讲课的时候，学生越来越多地会提一些关于他作品的问题，他们已经不把他当成一个老师，而是当成一个刚成名的作家，甚至威廉·戈尔丁在办公室的时候，也会有不同班级的学生来请教他问题，让他签字。在威廉·戈尔丁看来，这些淳朴的学生已经稍有变质了，他不由得想起了自己的初中年代，全部的心思都是用在学习上。

　　有不同的活动群体让他参加一些派对活动，威廉·戈尔丁一直都是个不拘小节、向往自由的人，因此当他穿着西装、打着领结去参加聚会的时候，总是感觉不自在。他还是怀念自己书房的小天地。在威廉·戈尔丁的一生中，书房是他最喜欢也是待的时间最长的地方。

　　甚至当他的最爱的小女儿回家的时候，也会特意带着一个大箱子，装着他的《蝇王》和《继承者》，因为她的同学们都知道她的父亲是威廉·戈尔丁，是一名大作家。威廉·戈尔丁有些怒了，他成功了，可是对待他的都是这些貌似崇拜的东西吗？他不喜欢这种生活，于是他向学校请了几天的假，一个人在书房里，一待就是一天。他始终无法适应成名的这种生活，他还是向往之前那种简单地工作、生活，平凡而幸福。

　　然而，威廉·戈尔丁还是对自己拥有的名气动心了。一些出版社会以重金约稿，哪怕只是短篇，这些额外的收入是他之前所不敢想象的，他不知道不过是几千字的东西竟然可以达到几千镑。同时，这些出版社的态度也较之他没有成名的时候有很大的差别，威廉·戈尔丁很享受这种被尊重的感觉。在这期间，威廉·戈尔丁有些浮躁，他的妻子不断提醒他，但是，他们之间却发生了争吵。

　　威廉·戈尔丁在起初成名的两年内，生活并不如表面那般光鲜。那段时间，每当他要构思写作的时候，总是有一股莫名的思绪来打断他，让他不能完全集中精力去思考、去写，他在本子上写下一个题目，可是往往写下了两三行字，就要重写，不一会儿垃圾筐里就装满了一张张被他揉皱了的白纸。

他常常一个人发呆，不能全身心地投入到写作中去，而且与安·布鲁克菲尔德的感情也出现问题。他对工作的热情不是很大，他只是按照学校的要求教给学生理论知识。甚至当学生提出一些与课堂无关的话题时，他都会漠然对待，对于一些找他签名的同学，威廉·戈尔丁更是采取不予理睬的态度。他的内心仿佛又回到了第二次世界大战之后的状态。

这种恍惚的状态持续了大半年，在这大半年的时间里，威廉·戈尔丁没有进行写作，也没有参加任何派对，甚至拒绝了很多出版社和杂志社的重金约稿。这段时间他更多的是陷进了回忆之中，他想起了小时候母亲带他去看的工艺品，模糊而又清晰。他在书房一件件擦拭着收藏的工艺品，他对工艺品的热爱持续了一生。

8个月后，威廉·戈尔丁收到了一封没有署名的信，信中只是简单写道：荒芜，不是你人生的选择。威廉·戈尔丁感到纳闷，谁知道他荒芜，尽管他确实是荒芜的。这封信的短短几个字让他开始思考，是的，以后的路总不能都这样走下去吧。他开始想要改变。但是他缺乏一个可以进行心灵沟通的人，他的妻子在这段时间和他并不默契。

威廉·戈尔丁开始想，谁会是这个给自己写信的人呢，妻子吗？若是她，应该是在生活中和他沟通的，而除了妻子，他并不知道还有谁会了解他的这种状态。但是威廉·戈尔丁还是决定开始改变了，他逐渐减少了在书房的时间，开始试图和妻子交流，虽然交流的话题无非是天气、心情等，但是至少比以前有了很大的进步。

他会在黄昏时和她一起散步，有时候什么都不说，只是一起走着，他想着之前的她，聪慧而优雅，这种思维让他开始感恩生活。她一直是他爱的女人，他是要好好珍惜的。

不仅是他的婚姻，威廉·戈尔丁也改变了对待工作的心态，他一改往常的冷淡，开始认真地对待教学工作。此时的他已经能够正确面对自己所谓的名誉。同时，在教学的过程中，他开始写作。在他看来，虽然有人崇拜，但是生活还是要进行，生活还是平淡的好。虽然偶尔也有一些应酬，但是他都能够自在地面对。他也开始有选择性地接受出版社或者杂志社的约稿。

可能任何人的一生总会经历类似这样的情况，但一旦醒悟过来，就能够加倍做得更好。威廉·戈尔丁就是这样，他开始协调工作、家庭和自己的生活，教学工作逐渐步入正常，一天两节课的英国文学教学对他来说得心应手，与妻子的关系也和谐如初。大多数的时间，威廉·戈尔丁开始潜心写作，于他，生活是如此美好。

2. 8个月的婚姻危机

1955年6月以来，随着威廉·戈尔丁新作品的不断推出，他的名声也日益兴起，然而，他的婚姻生活却因为他的名气出现了暂时性危机。

威廉·戈尔丁成名后，开始参加一些聚会，同时别人的奉承让他拥有一种什么都无法比拟的满足感和成就感。因此，当安·布鲁克菲尔德善意提醒他要谦虚时，他只是不屑地看着她，嘲讽似的说："我已经成名了，已经不是原来的我，我要改头换面开始新生活。"威廉·戈尔丁说这些话的时候，是带着酒意说的。第二天，他甚至都忘记了自己前一天都说了什么，只是感觉有些异样，他看到安·布鲁克菲尔德冷漠地做着家务，而不是象以往一样和他打招呼。

若是以往，威廉·戈尔丁会主动上前和安·布鲁克菲尔德打招呼，会主动去逗她开心逗她笑。可是这是刚开始成名的威廉·戈尔丁，他只是选择了同样的冷漠，两人在餐桌上什么话都没有说，氛围极为尴尬。威廉·戈尔丁在去学校的路上，始终不明白妻子为什么会这样，他有些悲伤，但是他不失落。

安·布鲁克菲尔德看着成名后的丈夫，越来越感到陌生、悲哀，想起昨天晚上不过是想要善意地劝劝他，他竟然会说出那样的话——"我已经成名了，已经不是原来的我，我要改头换面开始新生活。"威廉·戈尔丁和他说过的话在她的脑海里一遍一遍地回复，一向宽容的安·布鲁克菲尔德越想越失望。第二天早上的时候，她故意想给威廉·戈尔丁一个冷脸色，想让他道歉，不曾想，自己的丈夫竟然不理她。

餐桌上，安·布鲁克菲尔德不知道自己是怎么吃完的早餐，他们静悄悄地吃完了早餐，她开始做家务，他开始收拾他的东西准备上学校。她怎么也没有想到丈夫直到走的时候依然一言未发，这是安·布鲁克菲尔德所没有想到的，透过窗棂，她看到他渐渐远去的背景，如此熟悉的背景第一次在她的眼里有了异常。当看不到他的时候，她来到了卧室，静悄悄地哭泣着，这还是她的丈夫吗？她开始怀念威廉·戈尔丁没有成名的日子，那时候，他们多恩爱。

安·布鲁克菲尔德和威廉·戈尔丁都没有想到，不过是由于一次小小的争吵，会导致他们今生以来最长时间的冷战。

当天晚上，威廉·戈尔丁回家，依旧看到妻子冷着脸，其实他的内心是想问清楚原因，是想和她说话的，但是他想自己已经是名人了，碍于面子，不想主动和妻子示好。于是他等着妻子主动和他说话。他吃完饭走到书房，想要写作，但是怎么也静不下心，脑海里都是妻子冷着脸的样子，他实在不理解妻子为什么会这样对他？难道仅仅是因为成名吗？更让威廉·戈尔丁想不到的是，当他晚上回卧室睡觉时，竟然发现妻子已经将她的被子拿到了客房，她要和他分居了。

安·布鲁克菲尔德本来打算在今晚和他认真谈一下，但是不曾想，威廉·戈尔丁依然是一脸冷漠，还没有等她吃完饭，他就起身离开了。泪水不知不觉从她已不年轻的脸庞流下，她单方面决定开始冷战了。吃完饭的安·布鲁克菲尔德将自己的东西从主卧转移到了客房。

两个人都为了所谓的面子不和对方沟通，不去打破冷漠这层窗户纸。但是两个人在背地里又是伤心的。

这种冷漠连保姆都看出来了，保姆曾小心地问她，她和先生之间发生了什么，被她搪塞过去。但是，在威廉·戈尔丁父亲的生日派对上，他和安·布鲁克菲尔德依然亲热如故，他们默契地牵手甚至亲吻。威廉·戈尔丁的婶婶有些羡慕地说，看看，威廉·戈尔丁和他妻子感情多好！他和妻子对视了一眼，彼此都发现彼此嘴角不屑的微笑。

威廉·戈尔丁和妻子表现得就像陌生人一般，你不理我，我也不理你。他们已经彻底打破了之前和谐的夫妻氛围，也推翻了之前良好的生活习惯。他们唯一的交集就是在餐桌上，但是即使在餐桌上，他们也可以不说一句话。威廉·戈尔丁和儿子大卫说话的时候，安·布鲁克菲尔德绝对不说，相反，当安·布鲁克菲尔德和大卫说话的时候，威廉·戈尔丁也不说一句话，他们对双方的发言不发表任何评论。大卫看出了这种异常，他试图让父母和以前一样自

如地交谈，可是，才11岁的大卫并不能改变这种状况，

起初的时候，安·布鲁克菲尔德在背后老是独自流泪，她为了他，吃了多少苦？战争期间，是她一把屎一把尿地拉扯着女儿，照顾着老人。他写作时，是她在鼓励他支持他，甚至投稿也是她的坚持才能得以出版。而现在，他刚有点名气就对她这样了。常常安·布鲁克菲尔德越想越气，半夜失眠，或者总是做些噩梦，她的脸色日益憔悴。

一天过去了，两天过去了，一个周过去了，一个月过去了。随着时间的流逝，她开始坦然接受这种现状，自己的丈夫成名了。无法改变的事情就需要接受，女人要善待自己才好。安·布鲁克菲尔德开始去拜访自己昔日好友，许久不曾见面的女友此时一见，话语甚多。她们不断回忆着往昔美好的事情。她们开始让裁缝给她们缝各种好看的衣服，一起去逛街买些化妆品。安·布鲁克菲尔德看着为了家庭而许久未曾保养的脸，开始醒悟，女人是要善待自己的。

那段时间，威廉·戈尔丁和安·布鲁克菲尔德是名存实亡的夫妻。甚至在女儿回家时，他们也是这般。16岁的朱迪看出了父母的异常，餐桌上，她尽量调动父母的积极性，和他们不断沟通。但是，她发现她的父母话不少，甚至提出了如何提高朱迪的各科成绩，但是，父母之间却不曾说一句话，他们之前餐桌上经常性的对视一笑也没有了，取而代之的是如此严肃的表情。朱迪确定，她的父母出问题了。

吃完晚饭的朱迪走到了母亲所在的客房，此时的她已经不是一个小孩子了，她试图解决父母之间的问题。她坐在母亲的床上，问母亲发生了什么。安·布鲁克菲尔德笑着摇摇头，说一切安好。朱迪不相信，不但是餐桌上的冷漠，如今她看到父母已经不再同房，她怎能相信他们一切安好？然而母亲只是淡淡地说，她和父亲之间

只是恰好在她回家的这段时间发生了点小矛盾。朱迪笑了，她了解母亲的性格，只是很忧伤地告诉她，她希望母亲幸福。

那天晚上，朱迪和母亲睡在一起，她突然感到仿佛回到了小时候，她还是一个无忧无虑的小姑娘那般，总是需要在母亲的怀里安然入睡。而今，她已经慢慢长大，她的母亲一天天变老。想着想着，她握紧了母亲的手，试图给她力量。

威廉·戈尔丁和安·布鲁克菲尔德就这样过了7个月，7个月中两人说过的话不超过10句，而且都是无关痛痒的话。他们都不知道彼此是怎样度过的，但是他们自己的内心并不好过。在第223天的时候，威廉·戈尔丁生病了，他一连发了几天的烧，安·布鲁克菲尔德横着心，但是依然不与他说话，她背地里给保姆准备好威廉·戈尔丁的药以及食品，让保姆带给他吃，反复嘱托保姆让他多喝水，经常问保姆威廉·戈尔丁情况怎样。她是担忧的，即便担忧，她依然是一个优雅的女人。

终于，在威廉·戈尔丁病好之后，安·布鲁克菲尔德看着他消瘦的面庞，曾经的坚持都崩溃了，这个男人是她的丈夫，他们彼此的煎熬到底是为了折磨谁？于是她写了一封信，但是并没有提到家庭，只是简单地写道：荒芜，不是你人生的选择。他希望丈夫看了后会有感触。果然第3天，威廉·戈尔丁收到了这封信，在他阅读完信之后，安·布鲁克菲尔德悄悄地看着他的表情，他在思考。

晚饭的时候，威廉·戈尔丁说："亲爱的，这牛肉很新鲜，你多吃些。"安·布鲁克菲尔德刹那间泪流满面。他们8个月的冷战就这样结束了。当天晚上，他们在书房谈了好久，威廉·戈尔丁问妻子为什么不理他时，安·布鲁克菲尔德竟然很诧异，你不记得我们的争吵吗？威廉·戈尔丁笑了，亲爱的，我不记得了，在我心里，你就是上帝赐予我的礼物，以后不会了，我爱你。

3. 为孩子操劳

1956年2月，威廉·戈尔丁和他的妻子安·布鲁克菲尔德重归于好，两人又恢复到了以前的生活状态。这一年大卫10岁，朱迪17岁。夫妻两人谁都没有想到，这一年，他们为两个孩子操碎了心。

大卫是一个调皮的男孩子，在学校学习的时候，因为有老师在看管，所以基本上不会暴露出自己的野性。但是回家后，大卫就开始了他自己的乐趣，他没事的时候总喜欢跑到花园里，找一棵笔直、树皮洁净的大树，"噌噌"几下，猴子般迅速地爬上去，在枝头向保姆炫耀。起初，安·布鲁克菲尔德怕他摔着，每次大卫爬的时候，她总是制止，可是敏捷的大卫总是在她不经意中就爬上去了。再后来，安·布鲁克菲尔德看大卫娴熟的爬树技巧，加之保姆在身边，她就任其自然了。

然而，突然有一天，大卫爬到一棵分树枝上，但是树枝太小，经不住大卫的重量，树枝断了，大卫从树上掉了下来。而恰好的是，保姆此时并不在树下看着大卫。从树上掉下来的大卫被摔晕了，他静静地躺在那里，直到安·布鲁克菲尔德跑过来的时候，她有些失态地吼着保姆的名字，保姆看到大卫躺在地上的那一刻，脸色瞬间变得苍白。再一次的，迪克兰·高尔布雷丝匆匆赶来。

迪克兰·高尔布雷丝看着这个还在昏睡中、安静的小男孩，也不知道他会多久醒来，短则两三个小时，长则会三四天。他也无法预料他醒来会变成什么样子，是正常还是脑部会受到损伤？他是威廉·戈尔丁这个大家庭的医生，他发自内心地喜欢这个善良的大家庭。他曾治疗过这个小男孩的湿疹，而今天，他是一个信徒，他在胸前画着十字。

当威廉·戈尔丁接到消息匆匆赶回家的时候，大卫依然在昏迷中，他怒了，一直都被认为好脾气的威廉·戈尔丁怒了，他指着妻子、保姆，呵斥着他们：一个10岁的孩子，你们看不了吗，你看看他这样，他受多少罪，你们都在干什么。吼完后，他摸着大卫的头，他是他的心头肉。他多希望他能快点醒过来，叫他一声"爸爸"。这个37岁的男人在他昏迷的儿子面前，流泪了。

原本晴朗的天空也在瞬间下起了雨，这场雨来得很不是时候，本来大卫就出现了事情，又下起了雨，这对于有些相信唯心主义思想的安·布鲁克菲尔德来说极为恐怖，是不是意味着大卫会有危险？她一直在握着他的手，感受着他的脉搏。当雷电袭来的时候，这个一直都隐忍着的女人控制不住地大哭起来。

就在这时，大卫醒来了，他轻轻叫着"妈妈、爸爸，我怎么了？妈妈，你怎么哭了？"，还没等威廉·戈尔丁和安·布鲁克菲尔德回答，迪克兰·高尔布雷丝抢先回答，"我的孩子，你终于醒过来了。"在安·布鲁克菲尔德给大卫讲述大致情况后，迪克兰·高尔布雷丝给他做了全面的检查。脑部受到一点创伤，需要观察一段时间才能做决定，身体其他部分没有问题。这是一场虚惊，安·布鲁克菲尔德抱着大卫，久久说不出一句话。

迪克兰·高尔布雷丝建议安·布鲁克菲尔德要多给大卫补充营养，尽快促进其脑部发育，不要留下后遗症。从这以后，安·布鲁克菲尔德亲自接送大卫上下学，这是她和威廉·戈尔丁的心头肉，再不能出一点问题。同时限制了他爬树、登高等方面的自由活动，回到家就让他安心学习。为了检测威廉大卫的脑部是否正常，安·布鲁克菲尔德开始问一些比较幼稚的问题，比如拿出一张小鸭子的图片问大卫："儿子，这是小鸡还是小猫呢。"大卫不屑地说："妈妈，这是小鸭子。"她听完后就放心了，大卫的脑部完全正常。安·布鲁克菲尔德开心地告诉威廉·戈尔丁这些小事，和他一起分享大卫的趣事，他们都笑了，大卫是一个聪明的孩子。

就在安·布鲁克菲尔德慢慢放松对大卫的警惕时，她的女儿朱迪竟然出事了。威廉·戈尔丁和安·布鲁克菲尔德一起被朱迪的教师葛莉谢尔达请到了学校，理由是朱迪多次逃课。葛莉谢尔达请他们带朱迪回家认真反思一下，尽管安·布鲁克菲尔德反复述说朱迪不需要回家反思，以后确保不逃课，葛莉谢尔达依然不退步，说："这已经是朱迪第5次逃课了，叫你们来，就是让你们带他回家反思的，希望她再返回学校时，不要让我失望。"安·布鲁克菲尔德看着这个认真而又严肃的女教师，只能和威廉·戈尔丁一起带着女儿回家。

回家的路上，威廉·戈尔丁和安·布鲁克菲尔德一句话都不说.直到中午回家后，他们也只是吃饭，安·布鲁克菲尔德甚至将朱迪喜欢吃的沙拉果酱都给涂在了面包上，他们丝毫不问朱迪为什么逃课的事情，仿佛什么都不曾发生过。但是父母越是这样，朱迪越是愧疚，本来她为自己准备了很多逃课的理由来应付父母，可是他们什么都不问。

下午，她在自己的小卧室里待着，她从书包里拿出一封信，读着读着就笑了。朱迪之所以逃课，完全是因为和这个名叫迪克兰·加尔布雷思男孩子的约会。他们已经认识并相爱4个月了。他的英俊和浪漫让朱迪痴迷，她第一次怀念他那和阳光一般灿烂的笑，和湖水一样澄澈的眼神，她希望永远都和他在一起，永远都不要分开。她读着他的信，恨不得立刻回到他身边。那是一个少女的心事。

朱迪就是抱着迪克兰·加尔布雷思的信和爱在不知不觉间入睡的，她并不知道母亲来过她的房间，也不知道母亲已经悄悄读完了迪克兰·加尔布雷思写给他的信。朱迪还以为父母什么都不知道，因为他们吃晚饭的时候，依然说着很家常的话，丝毫不提自己逃课的事情。机灵的朱迪想，父母不是想以这种方式来打动自己吧，这是绝对不可能的，她还想着与迪克兰·加尔布雷思约会呢。想着想着，她竟然笑了起来。

　　那是一个少女恋爱的笑，安·布鲁克菲尔德很清楚朱迪的笑，她看在眼里，急在心中。本来她是想晚上和朱迪聊一聊，搞清楚她逃课的原因。不料下午她走进朱迪房间时，竟然看到了一个男孩子给她的信，朱迪恋爱了。这是一件多危险的事情呢，她还是一个不谙人事的小姑娘，被骗了怎么办。安·布鲁克菲尔德开始担心，她和威廉·戈尔丁探讨，如何避免这场在朱迪自己看来所谓轰轰烈烈的爱情。

　　晚饭后，安·布鲁克菲尔德来到了朱迪的房间，她看朱迪匆匆忙忙地将桌子上的一张纸收起来了，她不由得暗笑，这个小家伙还怕我看到呢，她肯定不知道我已经看过了吧。安·布鲁克菲尔德开门见山地问："亲爱的，你是不是恋爱了？"朱迪像拨浪鼓一样摇头，妈妈，没有，我同学想要买件裙子，想让我陪她，所以我就和她一起。朱迪说着低下了头，仿佛认识到自己的错误。安·布鲁克菲尔德笑了："那迪克兰·加尔布雷思是谁呢？朱迪，你和妈妈讲，妈妈也是从那时候过的，希望能够指点你，妈妈一直告诉你，我是你的朋友。"

　　朱迪诧异了，自己隐藏得如此完好，妈妈怎么会知道迪克兰·加尔布雷思呢。当她听到妈妈讲他的名字时，心已经慌乱了。这个单纯的小姑娘就开始告诉妈妈他们是怎么认识的，他们为了约会而逃课的事情。安·布鲁克菲尔德看着女儿,朱迪,你要好好学习才对,你现在还小,不能恋爱的。

朱迪点了点头,妈妈我知道了,以后我不会逃课了。虽然朱迪这样说,母女之间的灵犀还是告诉她,朱迪还是会为了那个男孩子逃课的。她从朱迪的眼神中读到的。即便这样,威廉·戈尔丁还是将女儿送到了学校,他告诉朱迪,可以恋爱,但是不能影响学业。朱迪听着父亲的话,乐呵呵地笑了,给了他一个大大的拥抱。

朱迪依然在恋爱,但是她已经不再逃课了。安·布鲁克菲尔德总是担心朱迪会吃亏,和天下所有的父母一样,他们的一生一直在为他们的儿女担忧。

4. 父母去世

1964年3月,威廉·戈尔丁的父亲查出了胃癌晚期,还有5个月的时间。威廉·戈尔丁怎么也不相信,一向健硕的父亲会患上癌症,而且还是晚期。癌症在20世纪60年代相当于死亡的代名词,没有任何药剂来治疗它,甚至没有办法拖延哪怕一天的生命。这5个月是威廉·戈尔丁和他父亲相处最后的时间,想着想着,他忍不住就哭泣。年轻的时候让父母担心,好不容易结婚了,稳定了,自己参加战争让父母又为之担心了5年。可是好日子没过多久,父亲怎么能得这种病。

威廉·戈尔丁不敢相信,安·布鲁克菲尔德看着突然之间变得脆弱的丈夫,不断安慰着他,让他打起精神,只有他打起精神,父亲才会开心地度过剩下的日子。威廉·戈尔丁不断摇着头,我以后再也没有父亲了，我亏欠他们那么多。那段时间，威廉·戈尔丁常常失眠，总也睡不着，即使睡着，也会被噩梦惊醒，梦中，父亲和他说再见。

但是，在父亲面前，威廉·戈尔丁还是打起了精神，精心为父亲准备想吃的饭，推着父亲到他喜欢的地方去玩，和父亲一起坐在阳光下说着悄悄话，听着父亲回忆他小时候的点点滴滴，他听着父亲说他小时候不想让他上班会藏起他的衣服。看着父亲回忆往事露出的笑容。听着听着，威廉·戈尔丁的泪就流了下来，尽管他刻意地抑制着，他多希望这一切都不是真的。

直到过去一个月，威廉·戈尔丁似乎也接受不了父亲即将离世的事实，他不断去医院寻找医生，希望可以找到能够治疗父亲的病的方法，可是一切都是徒劳。安·布鲁克菲尔德不断劝慰着她的丈夫，看着他痛苦的样子，她却什么都做不了。安·布鲁克菲尔德同样舍不得她的公公，自从他和威廉·戈尔丁结婚之后，公公婆婆都待她如亲女儿般，想到公公不久于人世，她的心里也不是滋味，她尽可能地做些让公公开心的事情。

1964年6月，亚历克·戈尔丁突然晕倒，医生让家属随时做好准备，他的病情恶化了。米尔德里德扑在他的身上，喊着他的名字，被医生扶起来。威廉·戈尔丁的心一直在疼，他快速叫来了大卫和朱迪，希望他们能够让自己的祖父醒过来。然而，父亲却一直没有醒过来，带着对他们的爱和牵挂就这样离开了人世。威廉·戈尔丁不能自已，大声地哭着，喊着，让他父亲回来，如果哭声可以挽回一切该多好。可是什么都改变不了，威廉·戈尔丁失去了他的父亲。

父亲刚去世的那几个星期，威廉·戈尔丁总是会梦见父亲，梦见小时候带他上学、不让他学文科甚至梦见他鞭打他的样子。威廉·戈尔丁总是半夜从梦中醒来，想着父亲想着往事，一直到天亮。父亲的去世对威廉·戈尔丁来说是一个沉重的打击。他沉浸在这种痛苦中，做什么事情都打不起精神来，安·布鲁克菲尔德不断安慰着他，她也知道自己的安慰多么苍白。她看着他走神的样子，仿佛可以体会那种痛苦，安·布鲁克菲尔德希望他可以向自己诉说，这样她会和他一起分担，但是他只是静静坐着。

实际上，威廉·戈尔丁一直在发泄自己的痛苦，忘记了比他更痛苦的人是自己的母亲米尔德里德，和她一起走过大半辈子的老伴突然间说没就没了，那种痛苦更难言、更让人无法接受。而威廉·戈尔丁忽视了老母亲的感受，一直都是安·布鲁克菲尔德在照顾她，安慰她。米尔德里德有些失常，常常问自己的儿媳，老头子哪里去了，他怎么不来找我？安·布鲁克菲尔德看着婆婆的样子，忍不住流泪，她回答不了她，只是静悄悄地陪在她身边，让她不寂寞。

有一天晚上，威廉·戈尔丁又梦见了父亲，父亲托梦给他，让他好好照顾他的母亲。这个梦让他醒悟。他是痛苦，可是他考虑过母亲的痛苦了吗？他狠狠地给了自己一个耳光。当跑到母亲房间时，看到安·布鲁克菲尔德正在一丝不苟地给母亲剪指甲，这个男人不争气地哭了。他走到米尔德里德身边，握着她的手。可是她已经完全不认识他了，她不断问，你是谁？你是谁？威廉·戈尔丁哭着说，"妈妈，我是你的儿呀，我是你的儿呀，你怎么能不认识我？"

米尔德里德看着哭泣的威廉·戈尔丁，惊慌失措，仿佛他要伤害她，她已经完全失忆了。安·布鲁克菲尔德把她搂在怀里，像哄小孩子一样，让她不怕。威廉·戈尔丁看着这一切，走了出去，趴在窗台上，啜泣着。一定是父亲去世的打击对她太大了，所以才会这样。他决定整理好自己的情绪，带着母亲去看医生。父亲走了母亲还在，他不能给自己留下任何遗憾。

第二天，威廉·戈尔丁请来了迪克兰·高尔布雷丝为母亲看病。迪克兰·高尔布雷丝看完之后，摇摇头说，你母亲患的是失忆症，主要是由于脑部受创而产生的病症，这种病症的特点主要是意识、记忆、身份、或对环境的正常整合功能遭到破坏，因而对生活造成困扰，这是心病。还需要加强沟通，精神治疗才能逐渐唤醒她的记忆。你们可以通过一些回忆性镜头让她回到生活中，一点一点恢复。

威廉·戈尔丁开始关注精神治疗层面的书籍，他认真按照食谱来做些加强记忆力方面的饮食，他不断给她讲自己小时候的故事，讲她和父亲的故事，讲着讲着，威廉·戈尔丁的眼睛就湿润了。可是母亲依然不认识他，依然一无所动。

就在威廉·戈尔丁在为母亲的病不断努力时，他被迫接受了另一个噩耗，母亲突然病逝。母亲在睡梦中去世，走得很安详。威廉·戈尔丁丝毫不知道为什么，白天还好好地听他讲故事的母亲，怎么说走就走了呢，还没有从失去父亲的打击中走出来，母亲又离开了他。威廉·戈尔丁感到世界要塌下来了，他从来没有感到如此悲伤、心痛，那种痛是用利刀插进心里的那种痛。

妻子给他按摩着头部，希望能够减轻他的痛苦，妻子安慰他，妈妈是为了陪爸爸的，他们都在天堂幸福地生活。威廉·戈尔丁摇摇头，什么也不说。父母去世后的他变得沉默寡言，常常拿着小时候和父母的合照发愣。那时候他们多年轻，为了他，他们受了多少累、遭了多少罪，而今天，他还没有来得及回报他们的爱，他们就都走了。

威廉·戈尔丁越来越感觉到了，只要父母在，自己就是孩子，心里就很安全，而现在，他感到了无助、凄凉，内心深处属于他的世界已经逐渐封闭了。父母都不在了，威廉·戈尔丁有些崩溃，他抱着安·布鲁克菲尔德，仿佛怕她也会离他而去。

他沉浸在这种痛苦中很久，不能够正常接手教学工作、不能投入文学创作，他每天行尸走肉般为了生存而生存，妻子劝他很多次，依然无效。半年后，他才慢慢从这种痛苦中走出来。可是他的内心已经变得荒凉。他悲叹，自己也成了一名孤儿。

5. 依然不断学习

父母的去世对威廉·戈尔丁的影响很大。他走出痛苦的阴影之后，认真撰写了《金字塔》，在写这部小说时，威廉 戈尔丁突然感到自己知识的匮乏。在完成《金字塔》的创作之后，威廉·戈尔丁决定接着去深造。1967年，威廉·戈尔丁开始到布莱顿市萨西斯大学攻读文学博士。这次的教育对他今后的文学创作起了重要的推动作用。那一年，威廉·戈尔丁48岁。

布莱顿是英国南部一座美丽的城市，这里有18世纪建造的东方宫与西堤，还有鸟旅馆、水族馆、高尔夫球场。他在学习之余，会和朋友到这些地方来休闲放松。他喜欢这座静谧而柔和的小城，喜欢仰头看蔚蓝的天空，他又可以坐在图书馆里安静地看书，他喜欢那里的氛围。在这里，他快乐的如一个孩子。威廉·戈尔丁在没有课的时候，去小城的商业街给妻子买些小首饰，商业街建造在半山腰上，有种山城的意味，风光秀丽，依山傍海，从不喜欢逛街的威廉·戈尔丁也会在这里逛上半天，给妻子、儿女带回礼物。

威廉·戈尔丁在攻读博士学位的时候，不断接受着新的教育，他全身心地投入到学习中去，以他48岁的高龄，再接受一些深邃的教育有些难度，但是他依然执著地坚持。比如他开始接受的中国汉语言文学这门课程。在教授讲课之前，提到了博大精深的中国文化，他感到如此神奇，教授讲一个例子，中国汉语中的众字就是三个人，为什么是三个人，因为这个字的意思就是人多。很多同学都笑了，很形象的一个字，他们对中国汉语言文化充满了兴趣。

然而，威廉·戈尔丁在真正学习这门课程的时候，才感到了困难。因为语言不同，威廉·戈尔丁并不能理解中国古代文学里的"不亦乐乎"、"之乎者也"等对他来说如此生涩的词汇。而他学的中国汉语言文学课程又包括了语言学概论、古代汉语、现代汉语、文学概论、中国古代文学、汉语言文学史、中国现当代文学史、马克思主义文论、比较文学、中国古典文献学、外国文学史、民间文学、汉语史、语言学史学、美学、批评文学等。

威廉·戈尔丁开始将大多数的时间放在钻研中国汉语言文学层面上来。他不断翻看英汉翻译牛津大辞典，试图弄明白很多中国的汉字。威廉·戈尔丁的辛苦并没有白费，他在3年的时间内掌握了基本的汉字，能够顺利地阅读中国小说，对于中国较难区别的"的"、"地"、"得"，他也能够正确区分开来。

同时为了巩固汉语知识，威廉·戈尔丁开始大量阅读中文书籍。他在阅读到一本杂志时，看到了中国人教外国人如何识别汉字。在识字中，音、形、义三要素，字形是难点。字形方面的难点主要在于笔画多、形体比较复杂，尤其是在字形和字义缺少联系的字上。为了突破字形上的难点，可以采用歌诀法、比较法、拆拼法、特征突显法、熟字加减法等。而且还举了一个简单的例子，笔画容易写错的字，比如"专"，中间一笔易错写成两笔，如编成

"要写专，中间闪电闪一闪"就好记了。威廉·戈尔丁被这种美妙的知识吸引住了，他开始向往充满智慧的中国文化。

在布莱顿市萨西斯大学里，他又开始接触中国古代的思想家，这对于他后期写作有很大的影响。比如，他在那一时期才真正从深层次了解了孔子，孔子是世界最著名的文化名人之一，是中国古代伟大的思想家和教育家，理论政治家，也是儒家学派创始人。

孔子宣扬的核心思想是"礼"与"仁"，在教授的讲解下，威廉·戈尔丁才搞明白了这是与西方截然不同的道德观，但是却表达了和西方一样的人道主义学说。孔子的"仁"说，体现了人道精神；孔子的"礼"说，则体现了礼制精神，即现代意义上的秩序和制度。人道主义这是人类永恒的主题，对于任何社会，任何时代，任何一个政府都是适用的，而秩序和制度社会则是建立人类文明社会的基本要求。教授对他们说，孔子的这种人道主义和秩序精神是中国古代社会政治思想的精华。威廉·戈尔丁看着孔子的图像，看不出这个并不高大的男人会提出如此伟大的学说，心生敬意。

在治国的方略上，孔子主张"为政以德"，用道德和礼教来治理国家是最高尚的治国之道，这种治国方略也叫"德治"或"礼治"。这种方略把德、礼施之于民，实际上已打破了传统的礼不下庶人的信条，打破了贵族和平民之间原有的界限。作为西方资本主义制度统治下的公民，威廉·戈尔丁很难理解这种"为政以德"的思想，他同样不理解，为什么充满魅力的中国会实行君主专制制度。

中国是一个神奇的国度，充满了魅力色彩又充满了神秘色彩，威廉·戈尔丁极其渴望去那个伟大的国度拜访。

威廉·戈尔丁在布莱顿市萨西斯大学除了接受知识外，更多的是修身养性。他在这里逐渐沉淀了自己的浮躁，他开始向往做一个淡定自如的作家，能够潜心写出自己的好作品来。也就是在那时候，威廉·戈尔丁喜欢上了一首歌，这是他们教授推荐的，可以修身养性的歌——《友谊天长地久》。当教授给他们播放美国电影《魂断蓝桥》时，威廉·戈尔丁被那一曲"最后的华尔兹"深深感动的。

年轻的英国军官（罗伯·泰勒）在奔赴战场的前夕与他刚刚结识的女友（费雯·丽）告别，深夜的咖啡馆，暗淡的烛光，客人渐渐稀少，乐师悄悄退场，蜡烛一一熄灭，最后只剩下一朵闪烁的烛光，一位好心的乐师，一把孤独的小提琴，幽幽地拉着那首忧伤的乐曲，伴着最后一对恋人依依不舍的缠绵舞步，直到不得不分离。剧情与音乐的完美结合，赢得了威廉·戈尔丁的心，看到这里时，他已经预感到悲剧即将来临，而一首《友谊天长地久》更是引发了他内心的颤动。威廉·戈尔丁后悔为什么没有早点遇到这么震颤灵魂的东西。

也就是从那时候起，威廉·戈尔丁开始关注电影、音乐。尤其是根据同名小说而改编的电影《飘》让威廉·戈尔丁难以忘怀。《飘》是美国著名女作家玛格丽特·米歇尔创作的一部具有浪漫主义色彩、反映南北战争题材的小说。而在电影里，通过演员的表演将主人公斯佳丽身上的叛逆精神和艰苦创业、自强不息的精神，表现得淋漓尽致。威廉·戈尔丁才真正意识到，真正的创作不仅仅是文学创作，更是影视、音乐创作，这些都是伟大的文化形式。

另一部对威廉·戈尔丁影响较大的电影就是《广岛之恋》。1957年，法国女演员（埃曼纽尔·莉娃）来到日本广岛拍摄一部宣传《广岛之恋》剧照和平的电影时，邂逅当地的建筑工程师（冈田英次），两人在短暂时间内忘记各自的有夫之妇、有妇之夫身份，产生忘我恋情。然而因为广岛这块土地的特殊性，两人在激情相拥时，女演员脑海中总会闪现若干有关战争的残酷画面，建筑工程师也常令她回忆起她在第二次世界大战时在法国小城内韦尔与一名德国占领军的爱情。电影拍摄结束后，被纠缠的女演员感觉自己唯一能做的，是在有限的时间里，更加投入地把身体交于建筑工程师。

威廉·戈尔丁之所以喜欢这部电影是与他的经历有关，电影中男女主人公代表的是两个悲剧。日本男人所承受的悲剧是广义的战争悲剧，是全人类的，因而对于人类的记忆是不应该忘却的；法国女人的悲剧是经历过初恋而又被毁灭的，充满了恐怖感的悲剧，因而是个人的，是应该被忘却的，因为只有忘却才能有更新的希望。威廉·戈尔丁在看这部电影的时候，想起了自己的第二次世界大战经历，泪流满面。

1970年威廉·戈尔丁获布莱顿市萨西斯大学文学博士学位。对他而言，这又是人生的一个转折，在布莱顿市萨西斯大学攻读文学博士对他今后的写作起到了很大的影响。

第十一章 安逸的晚年时光

1. 怡然自得的生活

1970年，威廉·戈尔丁从布莱顿市萨西斯大学毕业之后，开始了怡然自得的生活。此后很长的岁月中，他就在演说、旅游、写作、拨弄乐器中度过他幸福而平静的晚年时光。

威廉·戈尔丁开始接到不同大学的演说请求，作为一名知名的作家，他已经把这种演说作为一种能够影响他人、推动他人上进的途径。他希望通过他的演讲可以改变一些人。从布莱顿市萨西斯大学博士毕业之后，他第一次在自己的母校进行演讲，看着台下坐得满满的学生，他们的脸上充满着朝气，充满了自信。威廉·戈尔丁就不由得想起了他自己那时候的岁月。曾几何时，威廉·戈尔丁也是这样自信，也是这样当哪里有讲座、演说的时候，就会拿着笔和本提前到教室占座。

威廉·戈尔丁和蔼地看着这群学生，开始了他的演讲，他此次的演讲除了讲述关于写作方面的理论知识外，更多的是指导大学生如何选择今后的人生路，如何减少甚至避免可能出现的问题。威廉·戈尔丁发自内心地希望这群孩子在今后的道路上一帆风顺。在这次演讲后，威廉·戈尔丁拜访了自己曾经的教授查利斯，当他看到白发苍苍的教授时，忍不住流泪了，他拥抱着他，想象着他曾经意气风发地在讲台上给他们讲课，威廉·戈尔丁深深领悟了岁月不饶人这句话。

此次演讲对威廉·戈尔丁影响很大，他决定要善待自己。时光无情，他要给自己一个愉悦的晚年生活。闲暇的时候，威廉·戈尔丁开始拨弄自己年轻时候酷爱的手风琴，他享受在练琴时手指尖不停地与键盘和键钮进行不同速度、不同时间的接触的感觉。威廉·戈尔丁感到练手风琴是需要技巧的，同时手指与键盘的接触在很大程度上增加了神经末梢与大脑信息的传递机会，久而久之，左脑与右脑的信息处理能力将会大大加强，他发现自己的反应能力提高，手指运动也更加灵活，因此威廉·戈尔丁强烈建议妻子也和他一起练。

威廉·戈尔丁开始教安·布鲁克菲尔德弹奏手风琴，从基本的操作开始，他调节好琴体上的肩带，让肩带恰到好处地搭在妻子肩上，琴的底部基本平放在两腿上，右边键盘下端略为向下紧靠右腿，指导着妻子左手伸进风箱皮带中，2、3、4、5指自然弯曲，靠在键钮上，拇指放松。威廉·戈尔丁认真指导着，仿佛他真是一名专业的手风琴教师。他教着妻子最简单的曲目，看着她因为学会了弹手风琴而兴奋的笑容，威廉·戈尔丁感到了满足。这对于安·布鲁克菲尔德来说也是一笔无形的财富，在威廉·戈尔丁去世之后，她就这样待在书房，拿着手风琴，一坐就是一天，以此来怀念她的亡夫。

更多的时候，他自弹自唱着他最喜欢的曲目：《艾米丽华尔兹》，他在这畅快的曲目中体会到了活力。常常威廉·戈尔丁在弹完手风琴的时候，会感觉心情大好、力量大增，就会拿起笔进行文学创作。晚年威廉·戈尔丁更多的是写生活中的感悟和随笔，他的随笔中已经没有了早期的愤懑、不安甚至猜忌。在他晚年的作品中让我们感到了温暖、祥和。人生经历让他开始坦然接受生活、善待生活。

　　同时，威廉·戈尔丁开始在周边国家旅游，他带着妻子，享受着旅游的大好时光。他们来到了西班牙，来到了很多欧洲小说中都会提到的神秘地方——马德里。威廉·戈尔丁和他的妻子手牵手走在路上，宽阔的林荫道连接着狭窄的老街，欧式高楼大厦映衬着阿拉伯式的红瓦白墙——矛盾却和谐。他们感受着马德里的魅力，这是一个新旧并存、东西融会的神奇之地。他们徜徉在马德里的广场，马德里有300多个广场，太阳门广场是全城的中心，7条街道由此呈放射状向四面延伸。广场中央花坛树立着一座独特的雕塑——一只攀扶着小树的棕熊，它是马德里的城徽。安·布鲁克菲尔德摸着棕熊，它是如此可爱。

　　他们还到了西班牙另一座极具魅力的城市——塞维利亚。这是一座橘花飘香的城市，遍布公园、街巷的橘树是它的象征。当橘花开放，塞维利亚就迎来了欢乐的四月节和圣周大庆典。威廉·戈尔丁记得，塞维利亚也是卡门、唐·璜、费加罗的舞台，一幕幕悲喜剧以塞维利亚的街道、教堂和斗牛场为背景上演。他给妻子讲着塞维利亚的历史，这是一个沧桑但同样充满了活力的城市。

　　离开西班牙之后，他们来到了冰岛。在去冰岛之前，威廉·戈尔丁查阅了《世界地理》关于冰岛的介绍：冰岛有100多座火山，以"极圈火岛"之名著称，共有火山200座至300座，其中有40座至50座活火山。主要的火山有拉基火山、华纳达尔斯火山、海克拉火山与卡特拉火山等等。华纳达尔斯赫努克火山为全国最高峰，海拔2119米。威廉·戈尔丁告诉安·布鲁克菲尔德冰岛几乎整个国家都建立在火山岩石上，她听了后，吓了一大跳，我们还是不要去了，万一火山爆发怎么办。他说没事，冰岛还是一个浪漫的国家，让我们开始一场浪漫之旅。

他们来到了冰岛的首都雷克雅未克，雷克雅未克是冰岛首都和第一大城市。它是世界最北边的首都，也是冰岛全国人口最多的城市。他们到达的时候，已经接近半夜，美美地睡了一觉，早上起来，竟然看到远处的山峰呈现出娇艳的紫色，海水也变成深蓝，安·布鲁克菲尔德像孩子一样兴奋，叫醒了威廉·戈尔丁。他们吃完早点，走到街头，发现城市的房屋多涂成红红绿绿的色彩，更为整个城市增添了几分美丽。

第二天，他们来到了闻名世界的瓦特纳冰川国家公园，公园位于冰岛东南部，是冰岛面积最大的国家公园及自然保护区。该公园集冰川、火山、峡谷、森林、瀑布为一体，景色壮观。这座一望无际的黑色平原有着独特的景观，靠近山的这一面是一条天堂般银白晶莹的冰河，另一面则是冒着热气的地热喷泉，鲜明的对比仿佛让威廉·戈尔丁看到了世界尽头。

威廉·戈尔丁就这样和他的妻子逛遍了挪威、丹麦、格陵兰岛等很多国家，他们用心享受着旅游带来的乐趣。

2. 享受旅游的乐趣

威廉·戈尔丁的晚年大都是在旅游中度过的.1978年，威廉·戈尔丁开始带着妻子到世界各国旅游，他们一起享受着旅游的乐趣。

他们在很多国家留下了足迹，年轻时候想去而没有去的地方，而今都已经游玩过了。对于威廉·戈尔丁来说，他最享受的事情，就是带着妻子这般游玩。他们手牵着手，偶尔一起回忆着往事，回忆着他们初相识的样子。更多的时候，他们是相视一笑，那是一种默契。

美国是他们出发的首站。也许是长时间未曾出远门的缘故，安·布鲁克菲尔德在路上并不适应，但是当她真正到达纽约的时候，她就投入到了这种享受之中。他们在这个被称为世界之都的地方到处游玩。

这个大都市和传说中的一样热闹。他和妻子更多的是在游览曼哈顿。曼哈顿是纽约的市中心，纽约最重要的商业、金融、保险机构均分布在这里。威廉·戈尔丁曾经在书中看到的纽约标志性的帝国大厦、洛克菲勒中心、克莱斯勒大厦、大都会人寿保险大厦等建筑都在这里。安·布鲁克菲尔德喜欢曼哈顿的夜晚，每到夜晚时分，数千栋摩天大楼通夜而亮，她总是会想到明亮如昼的夜晚，她喜欢这种氛围。难怪曼哈顿会被喻为"世界上最好的地方"。

威廉·戈尔丁带着安·布鲁克菲尔德参观百老汇，他们第一次知道原来百老汇是纽约曼哈顿区一条大街的名称，而现在百老汇则是美国戏剧活动的同义词。他们一起欣赏了著名的舞台剧《歌剧魅影》，尤其是在追逐幽灵的那一场戏，百老汇的整个剧院，台上台下、四面八方响起了幽灵的声音，仿佛戈尔丁夫妇也在其中，而恰好，那幕吊灯突然坠落，着实让气氛紧张刺激到极点，前排观众的惊叫与台上演员的呼声连成一片。安·布鲁克菲尔德第一次意识到，什么才是真正的舞台剧，也真正感受了艺术的力量。

他们在纽约待了5天，在他们临走的前一天，他们来到了自由女神像前。眼前的自由女神像和书上见到的并没有很大的差异。她置于一座混凝土制高46米的台基上，手持熊熊燃烧的火炬，象征着为了未来不断拼搏。威廉·戈尔丁在花岗岩构筑的神像基座上看到了镌刻着美国女诗人埃玛·娜莎罗其(Emma Lazarus)的一首脍炙人口的诗《新巨人》："送给我，你那疲乏的和贫困的，挤在一起渴望自由呼吸的大众，你那熙熙攘攘的岸上被遗弃的可怜的人群，你那无家可归饱经风霜的人们，一齐送给我，我站在金门口，高举自由的灯火。"他情不自禁地朗诵起来。

从美国纽约离开之后，威廉·戈尔丁和他的妻子前往巴西。在这里，他们感受到了截然不同于英国、法国以及美国等国家的环境，典型的热带气候——炎热，威廉·戈尔丁第一次感到了原来的热带季风气候是如此炎热。他们主要是待在巴西首都巴西利亚，和刚刚离开的纽约不同，这里是一所静谧而祥和的城市，是一座建筑独特、环境优美的现代化城市。

威廉·戈尔丁和安·布鲁克菲尔德有幸在三权广场参加了每两周一次的升降旗仪式，那种庄严让安·布鲁克菲尔德感动。威廉·戈尔丁对妻子说，三权广场是巴西标志性建筑之一，广场周围环绕众议会，参议会、国家大法院、总统府、外交部、国家民族独立纪念馆、劳动者纪念碑等众多建筑，吸引了很多游客前来观赏。

参加完升旗仪式，他们来到了著名的巴西利亚大教堂。这座刚刚竣工不久的大教堂整体呈现双曲线型，16根抛物线状的支柱支撑起教堂的玻璃穹顶，远处看去好似变形的洋葱。教堂大厅位于地面以下，内部最大为直径70米。这座现代化的教堂见证了巴西利亚这座最年轻的世界人类文化遗产城市的辉煌，让威廉·戈尔丁和妻子不觉心生敬仰。

游完巴西利亚之后，他们需要到里约热内卢搭乘轮船。在这里，他们再次感受到了城市的繁华。里约热内卢是巴西第二大城市、全国最大的海港、商业和金融中心。里约热内卢有世界上最美丽的海滩，风光秀丽，是巴西最大的旅游中心。威廉·戈尔丁带着妻子登陆奥库卡山，这座山峰是里约热内卢的标志。

当他们乘电缆车登上海拔395米的山顶时，他们互相拥抱着，异常激动，在这里他们欣赏着美景：瓜纳巴拉湾波光粼粼，白帆点点；湾畔绵延的海滩上银沙耀目，游人如蚁，太阳伞如鲜花朵朵盛开；宽阔的海滨大道一直伸向看不见的尽头，来往汽车穿梭不绝，面海而立的现代化楼群密密麻麻……他们玩得不亦乐乎。

晚上回到旅店时，威廉·戈尔丁和安·布鲁克菲尔德甜甜地睡了一觉。第二天，他们搭乘轮船来到了夏威夷群岛。他们在这个位于太平洋中部的美丽群岛上感受着蓝天、大海的魅力。安·布鲁克菲尔德在这座岛上感受着前所未有的静谧和满足，她甚至希望以后可以在这里常待下去，对她来说那是一件很美妙的事情。

威廉·戈尔丁最喜欢夏威夷群岛中的天堂岛，天堂岛的海滩沙细水清，连绵十里，椰柳成荫，鸟语花香，归帆翩翩，置身其间，有如世外桃源，教人浑然忘我。他们脱掉鞋子，走在绵软的沙滩上。大浪冲刷过的沙滩，洁净而平坦。赤脚走过，留下一道足印。一排浪花涌来，足印被冲刷得了无痕迹。

那里优美而独特的美丽风光，斩断了威廉·戈尔丁曾经那些挥之不去的烦恼，告别那些如影随形的踟蹰，也挥去那些年华将逝的无奈。他像一个老小孩一样模仿着魔鬼先生的声音说，"如果阁下喜欢海滩，那么，阁下一定要到夏威夷群岛去走一趟，才不虚此生。那里有世界上最美丽的沙滩和最干净的海水。"他和安·布鲁克菲尔德嬉戏着、打闹着，像是两个不谙世事的孩童。

黄昏时分，威廉·戈尔丁和安·布鲁克菲尔德并肩坐在沙滩上欣赏美景，蔚蓝的天空，蔚蓝的海水，海天一色，一直延伸到他们肉眼所及的尽头。威廉·戈尔丁第一次开始感激造物主，这是造物主的巨手铺展开的一块巨大无比的、明净透彻的碧蓝的琉璃，让他们流连忘返。

　　让威廉·戈尔丁和妻子感到幸运的是，他们有幸参加了一场具有当地风俗的婚礼。这里的婚礼很热闹，但是他们并不宴请客人吃饭，而只是互相交换赠品。听当地的居民介绍，结婚的准备大概要花费几个月的时间，婚礼在屋外举行，宗教人士还有等级最高的出席人要祈祷新人早生贵子。这些祈祷对于新婚夫妇以及他们以后的生活有着决定性作用。安·布鲁克菲尔德笑了，难道祈祷真的这么重要？

　　两位新人要带上彼此的赠品接受宗教人士的提问。让威廉·戈尔丁感到诧异的是，他们并不是按照上帝的那套解说词来提问，而是会问：在哪里还有其他爱你的人吗？回答"是"的时候，还会被询问能否抛开那份多余的关系。而后宗教人士会用一种叫做阿里机西阿的蔓类植物做成的花环将两个人的手系在一起，然后开始唱歌、祈祷。接着，两人要接吻，而后新郎和新娘相互揉搓对方的鼻子。在解开阿里机西阿的花环后，两人要各自在对方的头上放上绳子。

　　威廉·戈尔丁对这种婚礼感到了新奇，这就是民族文化的魅力。在夏威夷呆到10天之后，他们不得不离开，他们要去传说中古老而神奇的国度——中国。

3. 感受中国博大精深的文化

　　1979年10月，威廉·戈尔丁踏上了去中国的船舶。这个在教授看来有很多其他称谓——"华夏"、"中华"、"中夏"、"诸夏"、"诸华"、"神州"、"中土"的中国，这是他一直向往的、充满魅力的过度。越是离中国的领土越近，他越兴奋。当到达中国的首都北京时，威廉·戈尔丁握着妻子的手，高兴得像个孩子。

　　他来到了教授经常提起的紫禁城。看着如此庞大、雄壮的紫禁城，威廉·戈尔丁竟有种要膜拜的感觉。紫禁城南北长961米，东西宽753米，占地面积达72万平方米。整个紫禁城有房屋980座，共计8704间。四面环有高10米的紫禁城景观、城墙和宽52米的护城河。城墙四面各设城门一座，红墙黄瓦，画栋雕梁，金碧辉煌。殿宇楼台，高低错落，壮观雄伟。朝暾夕曛中，仿若人间仙境。威廉·戈尔丁和妻子慢慢走过太和殿、中和殿、保和殿、文华殿、武英殿、乾清宫、交泰殿、坤宁宫等，这些建筑让他感到了惊讶。威廉·戈尔丁意识到了紫禁城远远不是书上一张图片可以代替的，它是动态的、立体的，是让人膜拜的。

　　威廉·戈尔丁也来到了北京颐和园，那个曾经被他们国家侵害过的地方。颐和园原是清朝帝王的行宫和花园，威廉·戈尔丁带着他的妻子慢慢走过了颐和园的三山五园，他们看着万寿山、香山和玉泉山，如此清新，他们走过清漪园、静宜园、静明园、畅春园和圆明园，这些精致的、雄伟华丽的园林让他们赞叹，中国古代技术如此发达，可以设计出这么好的园林。他记得从书上看到的是乾隆皇帝为孝敬其母孝圣皇后动用448万两白银在这里改建为清漪园，而今站在眼前一看，如此气魄。

威廉·戈尔丁和安·布鲁克菲尔德在北京不仅仅欣赏到美妙的中国文化，还吃到了具有中国特色的小吃。艾窝窝就是他和安·布鲁克菲尔德都喜欢的小吃之一，他们看着厨师用糯米洗净浸泡，尔后入笼屉蒸熟，晾凉后揉匀，揪成小剂，摁成圆皮，包上桃仁、芝麻仁、瓜子仁、青梅、金糕、白糖，拌和成馅，艾窝窝就做成了。这种被称为艾窝窝的美食远比面包香甜。

他们在北京逗留了8天之后，经人介绍，来到了中国古城西安。威廉·戈尔丁想要亲眼看看那里的秦始皇陵兵马俑。在去的路上，他给妻子讲到，秦始皇陵是中国历史上第一个多民族的中央集权国家的皇帝秦始皇于公元前246年至公元前208年营建的，也是中国历史上第一个皇帝陵园。妻子没有刻意了解中国历史，她对于威廉·戈尔丁讲述的东西并不是很懂。

当他们走到陵区边缘的时候，已经感受到了历史的厚重。秦始皇陵陵区分陵园区和从葬区两部分。陵园占地56.25平方公里，封土呈四方锥形。秦始皇陵封土原高约115米，陵基近似方形，状如覆斗。秦始皇陵顶部平坦，腰略呈阶梯形。现存高76米，东西长345米，南北宽350米，拥有占地120750平方米的陵墓及大量地面建筑遗迹和陪葬物。在这种庞大建筑物面前，威廉·戈尔丁感到了自己的渺小。

威廉·戈尔丁看着各种各样的兵马俑，他最喜欢的是高级军吏俑，俗称将军俑，在秦俑坑中数量极少，出土不足十件，它们头戴鹖冠，身材高大魁梧，气质出众超群，具有大将风度。战袍将军俑着装朴素，但胸口有花结装饰，而铠甲将军俑的前胸、后背以及双肩，共饰有8朵彩色花结。威廉·戈尔丁喜欢这种豪迈。而妻子安·布鲁克菲尔德则喜欢武士俑。武士俑是秦始皇兵马俑中主要的作战力量。战袍武士俑大多分布于阵表，灵活机动；铠甲武士俑则分布于阵中。两类武士都气质昂扬，静中寓动。在秦始皇兵马俑雄壮的阵容中，威廉·戈尔丁和安·布鲁克菲尔德再一次领略了中国文化，这是他们国家所缺乏的。

紧接着，威廉·戈尔丁和安·布鲁克菲尔德来到了当时世界闻名的华清池。华清池温泉共有4处泉源，在一石券洞内，现有的圆形水池，半径约1米，水清见底，蒸汽徐升，脚下暗道潺潺有声，温泉出水量每小时达113吨，水无色透明，水温常年稳定在43度左右。水内含多种矿物质和有机物质，有石灰、碳酸钠、二氧化硅、氧化铝、硫黄、硫酸钠等多种矿物质。威廉·戈尔丁和妻子一起到华清池泡温泉，他想着曾在书上看到介绍这里的句子，不由地念了出来——骊山温泉，千古涌流，不盈不虚。如此形象。

泡完温泉后，威廉·戈尔丁带着安·布鲁克菲尔德来到了西安大雁塔，威廉·戈尔丁给妻子解释着大雁塔又名大慈恩寺塔，位于中国陕西省西安市南郊大慈恩寺内。因坐落在大慈恩寺西院内，大雁塔原称大慈恩寺西院浮屠，是中国唐朝佛教建筑艺术杰作。

当真正走到大雁塔的时候，威廉·戈尔丁再一次震惊了。塔身7层，通高64.5米，塔的雄壮程度超过了他的想象，比他想象中的塔要大气很多倍。

威廉·戈尔丁仔细观看着大雁塔，他发现大雁塔是楼阁式砖塔，塔通高64.5米，塔身为7层，塔体呈方形锥体，由仿木结构形成开间，由下而上按比例递减，塔内有木梯可盘登而上。每层的四面各有一个拱券门洞，可以凭栏远眺。整个建筑气魄宏大，造型简洁稳重，比例协调适度，格调庄严古朴，是保存比较完好的楼阁式塔。当他和妻子一起登上大雁塔时，在塔内可俯视西安古城。他在一根柱子上看到了唐代诗人岑参曾在诗中赞道：塔势如涌出，孤高耸天宫。登临出世界，磴道盘虚空。突兀压神州，峥嵘如鬼工。四角碍白日，7层摩苍穹。尽管以威廉·戈尔丁的文化水平还不能彻底理解这句话，但是大雁塔的恢宏气势由此可见。

　　威廉·戈尔丁在西安呆了8天，之后选择去了曲阜，那个让他崇拜的孔子的故乡。在这里，他真正看到了孔子的雕像，那是一个慈眉善目的老头。他也去过了孔林，在那片书上称之为宣圣林或至圣林地方是孔子及其家族的专用墓地，有坟冢10万余座，历代石仪85对，墓碑400通，乔木42000余株，已延续2400余年。威廉·戈尔丁看着这片墓冢，孔林内树株经历代种植、保护，松柏苍郁，古木参天，形成了一座人造大园林。

　　他也和安·布鲁克菲尔德看过被称为“天下第一家”的孔府，曾在他脑海中想象很多遍的孔府如此气魄。孔府并不是书上说的那样只有几间房组成，相反它是间五檩悬山式建筑，匾书“圣府”二字，为明朝严嵩所书。门两边有对联一副“与国咸休安富尊荣公府第，同天并老文章道德圣人家”，其中“富”字上面少一点，寓“富贵无头”，“章”字一竖通到上面立字，寓“文章通天”，此联概括出千百年来“圣人家”的气派，别有一番风味。威廉·戈尔丁强烈地感到了伟大的中国文化。

　　接着，他们又走进了孔庙，孔庙是一个虔诚的地方，虽然威廉·戈尔丁和妻子并不信佛，可是他们依然膜拜在它的面前，许着愿望。孔庙的总体设计在威廉·戈尔丁看来是如此神奇。前面为神道，两侧栽植桧柏，营造出一种庄严肃穆的气氛，培养谒庙者崇敬的情绪。而孔庙的主体则贯穿在一条中轴线上，左右对称，布局严谨。威廉·戈尔丁感到这样的布局不仅会使人感到孔庙历史的悠久，而且烘托了孔子思想的深奥。

威廉·戈尔丁和安·布鲁克菲尔德在中国历时一个多月的游玩，让他们深深感到了中国的魅力，他们在不知不觉中爱上了这个历史悠久的国家。同时，威廉·戈尔丁感受到了截然不同于书本的立体的东方文化，激发了他写作的灵感。

第十二章　一生的成就

1. 国际的认可

1980年，威廉·戈尔丁出版了《航行祭典》，该小说一出版，就取得了巨大的成功，并于同年获得了布克·麦克内尔图书奖。设立于1969年的布克·麦克内尔图书奖，是英国最重要的文学奖之一，每年颁发一次，由布克·麦康内尔有限公司赞助，全国书籍联盟管理。该奖主要授予优秀长篇英文小说，而且小说作者必须是英国、爱尔兰或者其他英联邦国家公民。因此，这个奖项对于威廉·戈尔丁而言极为重要，在很大程度上肯定了他的作品以及影响力。

1983年11月，威廉·戈尔丁接到瑞典文学院的通知，他被列为1983年诺贝尔文学奖的提名奖候选人，让他届时准时参加1983年诺贝尔文学奖颁奖典礼。威廉·戈尔丁读信的时候，手都在颤抖，他一直不敢相信自己会被邀请去参加诺贝尔文学奖的颁奖典礼。安·布鲁克菲尔德读完信之后，激动地哭了。这对经历了磨难、喜悦的夫妇对于突如其来的瑞典文学奖如此感恩，虽然当时他们并不知道威廉·戈尔丁是否会真正荣获这项奖。

能够获得诺贝尔文学奖是西方作家的最高奢望。因此，每年1到10月，斯德哥尔摩城内便谣言纷纷。1983年12月10日，威廉·戈尔丁和妻子前往瑞典参加颁奖典礼。在威廉·戈尔丁和妻子乘坐的到瑞典文学院的车上，他们甚至听到出租汽车司机也对各国文学家和一些文学作品发表他们自己的意见。健谈的出租车司机断定今年的诺贝尔文学奖获奖者都是作家，例如法国的玛格丽特·尤西娜，罗得西亚出生的陶立丝·莱辛，南非作家娜婷·高狄默。在他看来，最有可能是世界文学界已公认的赛珍珠。威廉·戈尔丁夫妇对视一笑。出租车司机怎么也想不到，他是载着诺贝尔文学奖候选人去参加颁奖典礼的。

颁奖典礼庄严而紧张，瑞典文学院以"在小说中以清晰的现实主义叙述手法和变化多端、具有普遍意义的神话，阐明了当代世界人类的状况"为理由将1983年诺贝尔文学奖授予给威廉·戈尔丁。听到知威廉·戈尔丁被评为诺贝尔学文学奖获得者，安·布鲁克菲尔德哭了，他们相拥而泣。这是他们一直都期盼的结果。威廉·戈尔丁是自从1901年诺贝尔文学奖颁发以来的第7个英国籍获奖者，他的代表作是《蝇王》，诺贝尔文学奖是全球范围内最重要的文学奖项，历来被很多作家所看重。这是对他一个极大的肯定。

然而在公布威廉·戈尔丁获得诺贝尔文学奖之后，却引起了很多人的争议。瑞典文学院老院士亚德·仑奎斯特认为威廉·戈尔丁的作品写得不错，尤其是《蝇王》受到了大家的欢迎，但是他并没有资格入诺贝尔奖之林。然而，亚德·仑奎斯特并没有改变最终的结果，他一直力挺的格林因为作品缺乏创意而与诺贝尔文学奖失之交臂。

甚至瑞典文学界元老级的诗人、翻译家、批评家亚德·仑奎斯特在记者招待会中有些冲动地表明威廉·戈尔丁的作品不值诺贝尔文学奖，而且他拒绝参加瑞典文学院在宣布中奖者后的传统性午宴。他的倔强态度很使瑞典文学院难堪，但他们对这位老前辈的行为也无可奈何。威廉·戈尔丁能够坦然面对这些争议，毕竟每个人的思想和价值观都是不同的。加之经历的事情多了，威廉·戈尔丁对于亚德·仑奎斯特的反应极为淡然。

相反，威廉·戈尔丁倒是与格林相谈甚欢，虽说这是他们第一次面对面沟通，但是他们之间并没有代沟，仿佛是一对许久未曾谋面的老友，他们谈论着彼此的作品，谈论着文学大背景。最终，格林倒是很真诚地祝贺威廉·戈尔丁荣获诺贝尔文学奖。

瑞典文学院评选委员会的讨论过程一向是秘密的，惯例是，在55年内不能公开。但是，老院士亚德·仑奎斯特却公开表示异见，打破了文学院传统。其后，常任秘书尤仑斯坦很生气，把亚德·仑奎斯特的多嘴斥为"鹊舌"，但是这却增加了威廉·戈尔丁的个人魅力。在诺贝尔文学奖的晚宴上，威廉·戈尔丁发表了获奖演讲，颁奖晚宴极为成功。

威廉·戈尔丁获得1983年诺贝尔文学奖的消息传播到了牛津大学，牛津大学为这个学生感到骄傲和自豪。威廉·戈尔丁有了新的称谓——诺贝尔文学奖获得者。起初，威廉·戈尔丁对这个称谓并不熟悉，突然间，诺贝尔文学奖就扣在了自己的头上。在获得该奖不久，威廉·戈尔丁被母校牛津大学的邀请进行演讲。虽然获得了诺贝尔文学奖，威廉·戈尔丁依旧是谦虚的。他表达了对牛津大学的感激，更多的是谈起了他学生时代的激情，他鼓励学生们要有梦想，并且要为了梦想而奋斗。

他的家乡康沃尔也为出现了这样的人才而感到骄傲，康沃尔郡官方人员邀请威廉·戈尔丁回到家乡参加一个庆祝晚会，他无法拒绝，重新带着安·布鲁克菲尔德回到了阔别几十年的家乡。这里的一草一木似乎还没有变，他来到了他曾经读过的小学，学校扩大了、更新了，那么多当时如他般的孩子在这里读书。

威廉·戈尔丁一直都是一个感性的人，他走到孩子们中间，摸摸他们的头，发自内心地喜欢他们。他听着学生们唱歌给他听，他们如此澄澈的眼神让威廉·戈尔丁感动。当校长邀请威廉·戈尔丁进行讲话的时候，威廉·戈尔丁只是简单说："我出生在这里，成长在这里，这里教会我许多东西。我的孩子们，你们要好好学习，快乐成长！"当他说完的时候，一片掌声。

在威廉·戈尔丁获得诺贝尔文学奖之初，很多地方邀请他做演讲，由于年纪已大，除了迫不得已要做的，威廉·戈尔丁都婉言拒绝了。他很清醒地告诉自己，这只是一个奖项，代表从前，今后还是需要从零开始。

更多的出版社开始对威廉·戈尔丁进行约稿，威廉·戈尔丁拒绝了，他需要好好休息一下。虽然荣获了诺贝尔文学奖，但是威廉·戈尔丁依然感到了遗憾，他的父母已经不在了，他们不能和他一起分享这种喜悦。妻子看着他落寞的样子，建议他去看看父母。威廉·戈尔丁感动于妻子的细心和善解人意。

他们一起来到了父母的陵墓前。威廉·戈尔丁什么都说不出来，久久地跪在父母的墓前，哭泣着。这个已经被国际认可的著名作家即使白发苍苍在他父母的眼前也是一个孩子，威廉·戈尔丁内心最柔弱的情感就是对父母的爱以及愧疚。

1984年，威廉·戈尔丁全身心投入到了写作中去，出版了小说《纸人》。他依旧和妻子到处旅游、弹风琴。日子如流水般，威廉·戈尔丁的晚年生活过得如此之快。1987年，威廉·戈尔丁出版了《近方位》。1988年，英国女王伊丽莎白二世赐予威廉·戈尔丁爵士荣誉。

2. 一个时代的葬礼

　　1989年，威廉·戈尔丁身体出现异常，在一次购物中，无意识地晕倒。当他醒来之后，发现自己是在医院里，安·布鲁克菲尔德坐在他的一边睡着了，可是她还紧紧握着他的手，仿佛要失去他一般。他望着头上的天花板，不知道发生了什么。等安·布鲁克菲尔德醒来的时候，他轻轻唤她："亲爱的，我怎么了。"妻子竟然指着她自己问他："你知道我是谁吗？"威廉·戈尔丁笑了："你是我的妻子。"安·布鲁克菲尔德松了一口气，她摸着心口，自言道，吓死我了。

　　安·布鲁克菲尔德给威廉·戈尔丁讲述了他生病的经历。他们一起购物，威廉·戈尔丁突然晕倒，送到医院后，很长时间昏迷不醒，医生怎么治疗都没有效果。无奈之下，医生只好和安·布鲁克菲尔德说，看造化了，查不出原因。她看着晕倒的丈夫，怎么都不敢相信早上还和她一起用餐的他会这样。她就在他的床边一直坐着，直到他醒来。她告诉他，女儿和儿子都来过了，他们工作忙，我让他们走了，有我在这里陪着你就够了。

　　威廉·戈尔丁看着妻子红肿的眼睛，能够想到她受了多大的煎熬。这个从年轻时候一直伴随在他身边的妻子，直到现在还为他操劳，他心疼她，不由得握紧了她的手，像是要把她的一生都握在手里。安·布鲁克菲尔德的心却惴惴不安，丈夫突然晕倒却查不出病因，她的脸上增添了几分忧愁。威廉·戈尔丁握着她的手，鼓励她，告诉她，他会健康的！

1991年，威廉·戈尔丁再一次晕倒，这一次，医生查出了病因——脑出血。医生告诉安·布鲁克菲尔德，威廉·戈尔丁的脑出血症状已经到了一个相对不稳定的状态。脑出血的原因主要与脑血管的病变、硬化有关。血管的病变与高血脂、糖尿病、高血压、血管的老化、吸烟等密切相关。通常所说的脑出血是指自发性原发性脑出血。患者往往由于情绪激动、费劲用力时突然发病，表现为失语、偏瘫，重者意识不清，半数以上患者伴有头痛、呕吐。

因此在今后的生活中，安·布鲁克菲尔德更是加强了对威廉·戈尔丁的照顾。控制血压，并避免威廉·戈尔丁的剧烈情绪变动、饱餐、剧烈活动、用力排便、性交等可能诱发血压升高的行为。一旦发现威廉·戈尔丁出现剧烈的后侧头痛或颈部痛、运动感觉障碍、眩晕或晕厥、鼻出血、视物模糊等情况，就在第一时间内带他到医院检查。这个同样白发苍苍的老女人，为了自己的丈夫付出了自己全部心血。她感到了恐慌，但是却依然坚持着。

1992年，威廉·戈尔丁突然告诉安·布鲁克菲尔德，要是他死了之后，她一定要好好地活下去，这样他才安心。安·布鲁克菲尔德听着，摇着头，"你不会的！"威廉·戈尔丁在那时候已经感觉到自己时日不多，更多的时候，他是在睡觉，清醒着的时候，就握着安·布鲁克菲尔德的手，一起和她回忆年轻的时候，回忆他们冷战的时候，回忆他们一起走过的地方。说着说着，他就笑了。威廉·戈尔丁笑了，安·布鲁克菲尔德却哭了。

人对自己的生命尽头是有一种预感的。1993年6月18日，威廉·戈尔丁突然意识到自己的生命要到尽头了，趁着难得清醒的时候，他召集了所有的家庭成员来到病床前。他和大卫说，要负起责任，以后好好善待妈妈。和朱迪说，好好生活，生活是美好的。对着他的外孙、孙女笑呵呵：你们不要怕我，你们的生活还很美好。威廉·戈尔丁说的话很少，说完之后让他们出去，他们离开病房之后，威廉·戈尔丁就哭了，他知道这是他最后一次见到他们了。朱迪和大卫并没有意识到这是他们与父亲的最后一次见面。

病房里，威廉·戈尔丁看着安·布鲁克菲尔德，他告诉她："亲爱的，我感觉我要不行了，答应我，我走了后，你要好好的，替我好好活下去。"安·布鲁克菲尔德一听威廉·戈尔丁那样说，就知道有些事情要发生了，她摇着头，不让他说。威廉·戈尔丁告诉她，他还有一些手稿的问题，还有存款的问题，这些善后的问题都告诉她，不要到时候自己没有安排好，不在了，什么都会乱套。

1993年6月19日，威廉·戈尔丁因为脑出血去世，安·布鲁克菲尔德哭晕了过去，大卫和朱迪处理了他的后事。威廉·戈尔丁去世后，很多人表示了伤痛，他们来到他的家乡康沃尔，献上他们最后的哀悼。安·布鲁克菲尔德始终不相信自己的丈夫去世的现实，站在陵墓前，一遍又一遍呼唤着他的名字，仿佛这样叫着，威廉·戈尔丁就会答应。

威廉·戈尔丁追悼会期间，英国政府代表官方向威廉·戈尔丁表示哀悼，要安·布鲁克菲尔德注意保重身体。牛津大学校长也参加了此次追悼会，对威廉·戈尔丁的去世表示悲痛。康沃尔郡政府以及学校都派来相关人员进行哀悼。还有来自各地威廉·戈尔丁的读者，他们都是怀揣着悲痛而虔诚的心来纪念这位伟大的文学家。

然而，威廉·戈尔丁去世不久，传来了谣言，说威廉·戈尔丁28岁的时候，结识了一个叫做多拉的13岁女孩。当时两人同在威尔特郡马尔伯勒上音乐课。两年后，威廉·戈尔丁考入牛津大学。

某日在家中，多拉来访，两人到郊外散步。散步途中，威廉·戈尔丁看着已经15岁的少女多拉美丽丰满，顿时起了强奸她的念头。于是威廉·戈尔丁"笨拙"地下手去脱多拉的裤子，还叫喊着："我不会伤害你的"。结果两人"像敌人一样扭打起来"，多拉反抗成功，最终跑掉了。

这个谣言在当时的英国引起了很大的轰动，大家纷纷谴责威廉·戈尔丁是一个道貌岸然的家伙，他这样的人没有资格获得诺贝尔文学奖。1994年，安·布鲁克菲尔德吩咐自己的儿子联系媒体，要开新闻发布会，为自己的丈夫讨回公道。在摄像机面前，安·布鲁克菲尔德回忆了和威廉·戈尔丁的点点滴滴。威廉·戈尔丁和她结婚的时候，他28岁，怎么可能和所谓的什么多拉发生故事。她给记者讲了很多他们相亲相爱的故事。

这就是安·布鲁克菲尔德的智慧。于是，这个涉及威廉·戈尔丁清白的谣言不攻自破。威廉·戈尔丁去世之后，安·布鲁克菲尔德变得低况、落寞，更多的时候，她在书房，拿着手风琴，想着他们曾经的点点滴滴。对于她而言，失去了威廉·戈尔丁之后，已经不叫过日子，而是一天天混日子。就这样，这个充满智慧的女人在1995年去世。

第十三章　威廉・戈尔丁的贡献

1. 取其精华去其糟粕

威廉·戈尔丁的文学作品对世界产生了巨大的贡献。这种贡献主要表现在精神层面上，让我们通过他的作品感受社会现实，不断反思，文学可以这样进行创作的。然而他的作品之所以会产生如此巨大的影响，并不是因为威廉·戈尔丁是一个稀有的人才，而主要是因为他"站在前人的肩膀上"进行创作，他不断从优秀的作家以及他们的文学作品中吸取精华，然后将这些精华运用到自己的作品中，通过与自己思路的结合，从而使他的文学作品达到了一个高度。

他给众多作家一个提示，勇于创新的思想固然有前途，但是取其精华去其糟粕也同样重要。

威廉·戈尔丁在欧洲地区被称为"一个优秀的寓言编撰家"。这主要是因为他运用现实主义的叙述方法来编写寓言神话，通过文学创作来承袭西方伦理学的传统，通过对故事以及寓言的描述来表现"人心的黑暗"这一主题，不仅描述了当前的社会现状，从深层次来说，更表达了威廉·戈尔丁对人类未来的关切。

威廉·戈尔丁在年轻的时候，受到哥伦比亚先锋派文学创始人爱德华多·萨拉梅亚·博尔达的影响比较大。在威廉·戈尔丁的眼里，先锋派文学是指反对传统文化，刻意违反约定俗成的创作原则及欣赏习惯的文学。他的创新就在于它的独创性、反叛性与不可重复性。可以说，这对威廉·戈尔丁后期的文学写作风格和基调奠定了重要的基础。

威廉·戈尔丁开始接触意大利的菲利波·托马索·马里奈蒂思想，他是未来主义的创始人和理论家。他在1909年发表的《未来主义宣言》中形象生动地揭示了未来主义的诞生。他提出了一整套不同于传统的比较固定的理论，并且号召人们在文学创作的方法与技巧上提出了标新立异的主张，如"毁弃句法"、"消灭形容词"、"消灭副词"、"消灭标点符号"等不羁的想象。

威廉·戈尔丁拜读了马里奈蒂的剧本《他们来了》，全剧无情节、无人物、无高潮，总共才几百个字，三四句台词，却给读者带来了一种极为震撼的力量，恍若他们真的来了一般。那是一种文字的魅力。威廉·戈尔丁从中学习到了很多，并且将这种荒诞派在他自己今后的作品中应用的极为自然。这就是威廉·戈尔丁的智慧，他能从古代传统的文学作品中找到学习的地方，又在自己的笔下进行创新发展，继而形成了具有自己特点的风格。

后来威廉·戈尔丁接受了乔依斯、卡夫卡、福克纳等西方现代派作家的影响。威廉·戈尔丁从他们的创作中掌握了撰写阿拉伯神话故事和印第安民间传说的技巧。威廉·戈尔丁从卡夫卡的长篇小说《审判》学到了很多知识，《审判》的创作与卡夫卡订婚——解除婚约——又订婚的经历重合。小说讲的是银行高级职员约瑟夫。K在30岁生日那天突然被一群神秘的黑衣人宣布有罪，但是他又是自由的，于是他开始了艰难的上诉之路，但是毫无结果，在31岁生日那天被秘密处决。

这个"新生"的早晨，K被宣布"有罪"。在被宣布有罪之后，由于早餐被黑衣人享用了，K只好找点东西当早餐，他先是找到了一只苹果，然后又喝了点酒。但这本是一个黑暗的早上，在文本中卡夫卡对苹果的形容竟然用"漂亮的"来修饰，这是在小说开头灰暗的文本中间唯一一个温暖的词。而反过来想，苹果而不是其他的水果，而是容易让人想起《圣经》中的相关描述，苹果是知识之树上的果子，人类之祖因受到蛇的诱惑吃了这个果子后被宣布有罪而赶出了伊甸园。这就是卡夫卡所构思的巧妙之处。

卡夫卡的这种反讽的手法运用得极为恰当。《审判》是对威廉·戈尔丁影响极为深刻的作品之一。威廉·戈尔丁对于卡夫卡的风格极为赞赏，他在自己的读书笔记写道：卡夫卡这种反讽的写作手法更能够引发人们的思考。这比通过正常方式来表达意图，更具针对性。"我们生活在一个恶的时代。现在没有一样东西是名副其实的，比如现在，人的根早已从土地里拔了出来，人们却在谈论故乡。"威廉·戈尔丁从卡夫卡的这句话中体会到了孤独。

这种反讽的方法在他的作品中有所体现，威廉·戈尔丁在《塔尖》中描写乔西林在睡梦中看到教堂的圣殿上升起一个塔尖的时候，以为这是神的指示，于是就下令集资造塔。威廉·戈尔丁最初写这段的时候，并不是在睡梦中，而是现实生活中，乔西林为了敛财而要构造的塔。他的妻子说，为什么不让乔西林在睡梦中得到神的指示而构建这座塔呢，这样讽刺意味更强烈。这种反讽的风格在威廉·戈尔丁的作品中随处可见，很大程度上是受到了西方现代派作家的影响。

威廉·戈尔丁的文学作品富含寓意。在他的文学作品中，我们可以看出威廉·戈尔丁广泛地融入了古典文学、神话、基督教文化以及象征主义。曾经很多人对威廉·戈尔丁的作品提出了异议，甚至有批评家批判他的作品。

"在《蝇王》中威廉·戈尔丁的叙事空间仅限于一个与世隔绝

的荒岛；在《继承者》中，威廉·戈尔丁批评了原始人性中的恶；在《品契·马丁》中，威廉·戈尔丁把批判的矛盾对准了极恶的个体马丁。《黑暗昭昭》的叙事空间无疑更广阔，复调式的叙事让威廉·戈尔丁刻画了各种社会中各种阶层的人，他们或多或少都带有威廉·戈尔丁要批判的人性的丑恶，他们的'精神之脸'都已经损毁。这就是戈尔丁的悲哀。"欧洲批评家曾做出了如上的评论，可以说这对威廉·戈尔丁来说，是全盘否定。

威廉·戈尔丁自己说："批评我的书儿几乎比我自己所作的书还多，这很使我引以为荣。但我只读了他们所写的十分之一，因为我越看越觉得我与他们笔下的威廉·戈尔丁毫不相干。但是书评家至少有了一项职业。"他说他的职责是写小说，让那些书评家去做善恶象征的探索与分析吧。

2. 作品引发关于人性的思考

威廉·戈尔丁的作品给世人的另一个贡献就是引发了关于人性的思考。人性到底是恶还是善，我们该如何对待充满邪恶的人性，这都是威廉·戈尔丁在作品中所要表达的主题。

威廉·戈尔丁作品的主题一般是与黑暗邪恶有关，但他的小说中也表达一种昏暗的乐观主义。威廉·戈尔丁相信基督教的原罪说，认为人类的本性是邪恶的，认为是人把恶带到了世上，于是试图从人本身的缺陷来寻找社会问题的根源。这是他思想上的局限性。然而，他对人生的探讨是积极的。他的作品富有哲理、想象力，题材多种多样，风格各不相同。他经常运用寓言、比喻、象征等艺术手法，并引用《圣经》和神话传说，来创造现代神话，揭示人类文明的脆弱。由于他往往采用象征手法表现严肃主题，故而被人们称为道德家和寓言家。

20世纪80年代以后，威廉·戈尔丁开始迷恋看《动物世界》，因为在这个节目里，他会发现不仅仅人类存在着性恶论，动物也是一样。他印象最深的就是马牛鹿羊等动物被狮虎豹等猛兽扑倒撕成碎片时，这些动物的同类们连看也不看一眼，依然可以继续悠闲地吃草，哪怕下一个就轮到它自己。威廉·戈尔丁感到了恐怖，因为这种动物世界里的残杀和动物们冷漠的眼神，在我们人类的社会中，在我们的周围，就时常可以看到。

随着资本主义市场经济的发展，资本主义剥削本质日益显露，越来越多的社会问题暴露出来，人们不再理会歹徒的行凶作恶和被害者的乞求呼救，围观者们一层一层地看着，却没有一个人上去救援，甚至有人会有一种莫名的满足。当见义勇为者在孤身拼搏浴血奋战，旁观者们却无动于衷，甚至有人品头论足产生莫名的快感。又或者面对濒临死亡的病人和无力缴费的病人亲属绝望的泣求，医护人员竟能漠视生命在眼前一分一秒地消逝，而毫不动心地坚持要先把钱缴齐。这些人性恶的事件越来越多地呈现在大众面前，让我们感到悲哀。

恰好此时，威廉·戈尔丁的作品让我们看到了他所表达的人性恶论，深深地切合这种实际。威廉·戈尔丁用他一贯的、特有的沉思与冷静挖掘着自从人类生存以来就未曾停止过的、甚至越演越烈的残杀的根源。唯一不同的是，威廉·戈尔丁作品中表现的人性与他经历过第二次世界大战有关。第二次世界大战的残忍大家可想而知，而现实生活中的这种冷漠是我们读者在生活中体验的。虽然两种恶来源不同，但是其都反映了人性恶这一本质。可能我们还要在冷漠的沼泽里挣扎很久。

事实上，在威廉·戈尔丁的作品中，同样表达了他一直研究的个体的人和群体的人的一致性，但是在这一致性的背后同样存在着差异，也就是威廉·戈尔丁所谓的矛盾性和背反性。因此，从理论上讲，一个个体的理性和非理性也是有别于一个群体的理性和非理性的。威廉·戈尔丁在《蝇王》中表述的很明显，我们要反思人类的理性以及人的本能欲望，更不得不反思整个社会未来的发展，人类社会毁灭或者灭亡对于我们的生存是一个很重要的事情。

《蝇王》中一个重要的人物杰克，他代表着人性的恶，通过杰克的经历，形象地展现了人的兽性、人类的非理性。杰克是教会唱诗班的领队（这对基督教是一个讽刺，暗示了基督教的原罪说），他高大却对专制有着很强的欲望（主要是权力欲望），他始终都在争夺领导权，但得不到信任，因为他明显不具有理性精神。他只凭本能非理性一味地要打猎，而不考虑是否要寻求得救，最终在所谓野兽的威胁下，他掠夺了领导权，实行了专制统治。可以说这是对人类历史的讽刺。

威廉·戈尔丁在构思作品的时候，往往先是给作品设置了人的原善与原恶、人性与兽性、理性与非理性、文明与野蛮等一系列矛盾冲突，在这些冲突中，让读者感觉纠结，然后通过解决冲突来让人信服所谓的文明、理性的脆弱性和追求民主法治秩序的难度，进而说明了人类从民主走向专制容易，但是当从专制走向民主就难的道理。在欲望和野蛮面前，人类文明显得如此不堪一击。

著名哲学家苏格拉底说："认识你自己"，从古代到今天，这一直都是一句天启式的至理名言。通过威廉·戈尔丁的作品，我们更加深刻地意识到了自我认知是多么重要。然而在人类发展史上，大多数国家的人们对自身的恶的认识很含糊，甚至根本就缺乏这种意识。而人要认识自己，最深刻的莫过于认识自己的人性，如哲学家黎鸣所说："自知者莫过于知己之人性，自胜者莫过于克服自己人性的弱点、抑制自己人性中潜在的恶念。"因此，威廉·戈尔丁的小说可以让我们潜心思考，如何对待人性恶，如何处理所谓善良与邪恶之间的关系。

附录

威廉·戈尔丁生平

　　威廉·戈尔丁（William Gerald Golding）于1911年9月19日出生于英国的康沃尔郡。他的父母都是知识分子：父亲亚历克·戈尔丁（Alec Golding）是康沃尔郡一所学校的校长，在日常的教学工作中，对新知识的求知和探索比较感兴趣；母亲米尔德里德（Mildred）是位崇尚自由、民主，推动创新的妇女。威廉·戈尔丁继承了父亲的理性和母亲的洒脱，自幼受父母的影响较大，热爱文学。

　　威廉·戈尔丁喜欢拜读名家的文学作品，尤其是童话作品。著名童话故事作家奥斯卡·王尔德、安徒生以及雅格·格林和威廉·格林对戈尔丁后期的作品产生了很大的影响。12岁时，威廉·戈尔丁第一次开始尝试小说创作，但是没有完成。

　　1930年，他遵父命入牛津大学布拉西诺斯学院学习自然科学。后来，他因为兴趣而弃理从文，攻读英国文学专业。这段学习对威廉·戈尔丁一生的创作产生了重要的影响。1934年，威廉·戈尔丁出版了自己的处女作——《诗集》。从牛津大学毕业后，威廉·戈尔丁开始从事社会工作。1939年，威廉·戈尔丁同安·布鲁克菲尔德结婚，且生有一子一女。同时，他在霍兹霍斯主教中学担任英文与哲学讲师。1940年，威廉·戈尔丁以中尉军衔加入了英国皇家海军，参加第二次世界大战。退役后，威廉·戈尔丁开始教授英国文学。

此后，受到战争影响的他开始创作小说。同时，他的内心深处有一个纯真的宗教领域，他相信一种"堕落"说，因此这种思想在他的作品中也多有体现。《蝇王》（1954）、《继承者》（1955）、《品契·马丁》（1956）、《自由堕落》（1959）、《塔尖》（1964）、《金字塔》（1967）、《看得见的黑暗》（1979）、《航程祭典》（1980）、《纸人》（1984）、《近方位》（1987）、《巧语》（1995）等作品受到好评。

1955年，威廉·戈尔丁加入了英国皇家文学会，成为一名皇家文学会成员。1961年，威廉·戈尔丁获牛津大学文学硕士学位；同年，为了更好地创作，他毅然辞去了教授的工作。

1970年，威廉·戈尔丁获布莱顿市萨西斯大学文学博士学位。1983年，威廉·戈尔丁的作品《蝇王》荣获诺贝尔文学奖。

晚年的威廉·戈尔丁在旅游、演说、教书、写作、拨弄乐器和航海中度过了他最后的时光。英国女王伊丽莎白二世于1988年赐予戈尔丁爵士荣誉。

1993年6月19日，威廉·戈尔丁在家乡康沃尔郡逝世，享年83岁。

获奖辞

国王、王后殿下，皇族们，各位获奖者，女士们、先生们：

在座的诸位中肯定有些人早已对现在正要发言的人有所耳闻，一如英国新闻界所宣扬的，这将是对你们的忍耐力的考验，看你们能否在半个小时的时间里，听完一个人枯燥无味的老生常谈。我给大家的最初印象大概是一个长着白胡子的老头儿，这老头儿有些古怪，当人们都在阳光下忙于生计，他却要引导人们到月全食式的昏暗之中，这昏暗郁闷而难堪，而且似乎是不可逆转的。但是，事实不是这样，虽说我是一名荣获了诺贝尔文学奖桂冠的老头儿，但还是让我悄悄告诉大家，即使我有点轻浮，我也没有为诸位唱歌的打算，更不想扮成小丑耍杂技，不是怪事吗？我怎么会在这类耍杂技的轻浮举止中寻求乐趣呢？特别是我这样一个悲观厌世的人物。

你们大家都一定有所体会，在今天这样一个知识界的高雅聚会上，无论何等年龄的人发表讲演都不是一件容易的事。一念及此，就让人发憷。再说，我们这个时代的尊严又是什么呢？人人都在说，再没有比老不经事更糊涂的人了。但是，同样的帽子也可以戴在中年人头上，人到中年仍然不谙世事，难道有比这更傻的人吗？25年以前，我未加思索就接受了"悲观主义者"的尊称，然而我可没想到，这尊称竟与我厮守了一辈子。也许，我还可以举一个艺术家的例子，拉赫玛尼诺夫创作了著名的《升C小调前奏曲》，之后，这段名曲就与他如影相随。每次演出，听众非等他演奏完这段曲子之后，方善罢甘休，否则，他绝无法离开舞台一步。同样，批评家们也总是一心钻进我写的书里，要是找不出些微近乎悲观厌世的东西是绝不肯罢手的。我真不知该作何解释，以我自己的感觉还不至于痛苦到绝望。事实上，我曾为了免于别人的误解，努力修改自己惯常表达个人感情的方式。但是，由于一些批评家的指派，我只好承认自己是世界上头号的厌世主义者，而不是一个宇宙乐天派。我知道，所有掌握一定语言常识的人，都能理解我使用的“宇宙的”这个词汇本身并不十分重要，重要的是它的本质意义。我的意思是说，在本质的意义上，“宇宙的”是与“普遍的”同义的，尽管作为派生词“普遍的”更易于理解，但我选择“宇宙的”则更加含蓄。在我看来，如果我把世界看作是一个由科学家们用一整套科学理论建构的、用相应的技术手段操纵的、一成不变地永远重复再现的世界时，我就是一个当然的悲观主义者，对着至高无上的“熵”神俯首称臣。而一旦我注意的仅仅是科学家们永恒探索的精神力量时，我就会重新成为一个乐观主义者。因此，当诸位将诺贝尔文学奖这项具有世界意义的大奖颁发给我时，难道我不能一洗我那悲观主义的恶名而乐观一下，与大家共同庆贺一番吗？20年前，当我准备通过我的作品中的角色将我在精神感悟中得出的两种不同概念作一区分时，我并未获得成功，结果应当说是一团糟。

　　万能的主，一切光荣皆归于你所有。而我自己身上的悲观主义并没有褪色。人们所碰到的最大的危险也许仅仅是一位刻板守旧的老校长一时走神，忘记了他正在讲课，他面对的是一个班的学生，他要对他们负责。过了70岁的人很容易产生一些自以为是的想法，似乎他历经沧桑之后，无所不知无所不晓。他会公然吹嘘长寿对于智慧的先决作用，寿命是所有妙语高谈的源泉。他一定认为，莎士比亚与贝多芬正值五十二三岁就壮年辞世，实在令人扼腕，像这样还没有活够岁月的青壮年肯定知之不多也。不过，当年末午夜的时钟敲响，新年伊始，大概他该一反常态，为自己的年轮又增多了一圈而带来衰朽而开始感到忧心。也许他这时会领悟到，年龄的递增尚未使他穷尽生活中所有疑难的答案，于是他会坐下来静下心仔细推敲一句富有诗意的警世名言，或是某位年轻人偶尔胡诌的启示而似有所得。这会儿他会写下这样一句诗："人们应当忍耐，容许他们就这样走下去，将来会有一天他们终于回首。"

获奖时代背景

1983年，瑞典学院再次将诺贝尔文学奖授给英国作家，他就是威廉·戈尔丁(William Golding，1911—1993)，以此表彰他"在小说中以清晰的现实主义叙述手法和变化多端、具有普遍意义的神话，阐明了当代世界人类的状况"。

威廉·戈尔丁，1911年9月19日生于英格兰南部的康沃尔郡一个知识分子家庭，于1940年应征参加皇家海军。

1954年，戈尔丁发表第一部长篇小说《蝇王》，获得巨大成功。这是一部寓言体小说，写一群英国儿童因飞机失事流落到一个荒无人烟的孤岛上，开始过着野蛮人的生活。生存的竞争使儿童们分成了两派，并陷入了互相厮杀，直到一艘经过的英国巡洋舰救了他们，这座已成了人间地狱的孤岛噩梦才宣告结束。

通过这样一个现代神话，戈尔丁意在阐明人类本性中有着邪恶的种子，一旦外在社会约束被取消，在任其自由发展的环境中，它就会带来种种罪恶，带来专制和野心，带来战争和毁灭，会破坏一切文明，毁掉一个美好的世界。奇特的构思、深刻的主题、比喻象征的运用使这部作品突破了传统小说的模式，成为一部当代文学中的创新之作。作品充分表达了作者对人类本性和社会危机的严肃思考和深切忧虑。这本书的读者已数以千万计。换言之，此书是一本畅销书。从某种意义上说，通常只有探险故事、轻松读物和儿童图书才会有此幸运。他后来写的几部长篇小说，包括1980年的《过界的仪式》，也遇到同样的情况。

原因很简单。这些书非常有趣，非常刺激。读这些书，会使人心情愉快，获益匪浅，又无须劳心费神，也不要求读者有什么专门知识或过人的聪明。然而，这些小说在职业文学评论家、学者、作家和其他阐释者当中也引起了异乎寻常的兴趣，他们在戈尔丁的作品中寻找并发现了深层的多重含义和错综复杂的内容。

戈尔丁的小说富有哲理，他十分注意观察和研究人性的"恶的一面"，从人本身存在的缺陷中去探索社会制度缺陷的根源。戈尔丁还被称为"寓言编撰家"，他常在小说中运用想象、比喻、象征等手法编写现代寓言。

可以说威廉·戈尔丁是一位神话作家。我们在他的写作风格中看到的正是神话的模式。在深刻的人类一般天性中，那些为数不多的基本经验和基本冲突，构成了他全部作品的动力。

我们带着一种敬仰、一种思考去评价威廉·戈尔丁的一生，他的一生如此冗长、如此复杂却又如此清晰。恍若一部黑白电影，从呱呱落地到最终的生老病死流水般上演。

世界文学史记住了这个伟大的文学家，记住了一本精彩的《蝇王》。

威廉·戈尔丁年表

1911年，威廉·戈尔丁出生于康沃尔郡。

1930年，考入牛津大学。

1932年，弃理从文。

1934年，《诗集》出版。

1939年，威廉·戈尔丁同安·布鲁克菲尔德结婚。

1940年，威廉·戈尔丁以中尉军衔加入了英国皇家海军，参加第二次世界大战。

1945年，威廉·戈尔丁退役，开始教授英国文学。

1954年，《蝇王》出版，获得成功。

1955年，《继承者》出版。威廉·戈尔丁加入了英国皇家文化会。

1956年，《品契·马丁》出版。

1958年，《军营蝴蝶》出版。

1959年，《自由堕落》出版。

1961年，威廉·戈尔丁获牛津大学文学硕士学位。

1964年，《塔尖》出版。

1967年，《金字塔》出版。

1970年，威廉·戈尔丁获布莱顿市萨西斯大学文学博士学位。

1971年，《蝎子王》出版。

1979年，《看得见的黑暗》出版。

1980年，《航程祭典》出版。威廉·戈尔丁荣获布克·麦克内尔图书奖。

1982年，文学评论集《活动的靶子》出版。

1983年，威廉·戈尔丁的作品《蝇王》荣获诺贝尔文学奖。

1984年，《纸人》出版。

1987年，《近方位》出版。

1988年，英国女王伊丽莎白二世于1988年赐予威廉·戈尔丁爵士荣誉。

1993年6月19日，威廉·戈尔丁在家乡康沃尔郡逝世，享年83岁。

获奖当年世界大事记

（1983年）

1月12日-18日，中日双方关于日本在华孤儿赴日寻亲的事务协商在东京举行。

1月19日，Apple Lisa个人电脑发布。

2月16日，发生在澳大利亚维多利亚州和南澳大利亚州的圣灰星期三火灾致使71人死亡。

3月8日，美国总统罗纳德·里根称苏联为"邪恶帝国"（"Evil Empire"）。

3月23日，星球大战计划：总统里根制订了他的第一个用于发展拦截敌军导弹技术的提案。媒体称这个为"星球大战"。

4月25日，在苏联领导人尤里·安德罗波夫读了美国女孩萨曼莎·史密斯写的一封表达她对核战争的恐惧后，她被邀请到苏联。

5月17日，黎巴嫩、以色列和美国在以色列从黎巴嫩撤军协议上签字。

6月，李先念当选为中华人民共和国主席；乌兰夫当选为中华人民共和国副主席；彭真当选为第六届全国人民代表大会常务委员会委员长；赵紫阳连任国务院总理；另外，已故国务院总理周恩来夫人邓颖超当选为全国政协主席。

6月13日，先驱者10号成为第一个飞出太阳系的人造物体。

7月16日，香港九广铁路（英段）（现称东铁线）电气化工程全线完成并全线启用。

9月1日，大韩航空007号班机在偏离航道飞越苏联领空时被苏联空军击落在库页岛西南方，机上乘客及机组员269人全数罹难。

9月5日，中、日、英、美的石油公司在中国南海合作勘探开发石油的合同在北京签署。

9月27日，香港恒隆银行发生财政危机，政府紧急接管。

10月15日，香港政府公布"联系汇率"，美元兑港元的汇率为1:7.8。

10月25日，美国入侵格林纳达。

12月22日，中国第一台每秒钟运算一亿次以上的银河计算机在长沙研制成功。